中阶
Intermediate Stage
3B

HSK
Chinese Proficiency Test
中文水平考试

符合《国际中文教育中文水平等级标准》
Complies with *Chinese Proficiency Grading Standards for International Chinese Language Education*

K12
标准中文
K12 Standard Chinese

《K12标准中文》编写组 编著

北京语言大学出版社
BEIJING LANGUAGE AND CULTURE UNIVERSITY PRESS

图书在版编目（CIP）数据

K12 标准中文 . 3B /《K12 标准中文》编写组编著 .
北京：北京语言大学出版社，2024. 11. -- ISBN 978-7-
5619-6647-1

Ⅰ. H195.4

中国国家版本馆 CIP 数据核字第 20241WV083 号

K12 标准中文 3B
K12 BIAOZHUN ZHONGWEN 3B

责任编辑：武传霞　　英文编辑：侯晓娟
责任印制：周 燚　　装帧设计：张晶晶
排版制作：北京青侣文化创意设计有限公司

出版发行：北京语言大学出版社
社　　址：北京市海淀区学院路 15 号，100083
网　　址：www.blcup.com
电子信箱：service@blcup.com
电　　话：编 辑 部　8610-82303647/3592/3395
国内发行　8610-82303650/3591/3648
海外发行　8610-82303365/3080/3668
北语书店　8610-82303653
网购咨询　8610-82303908
印　　刷：北京联兴盛业印刷股份有限公司

版　　次：2024 年 11 月第 1 版　　印　　次：2024 年 11 月第 1 次印刷
开　　本：889 毫米 × 1194 毫米　1/16　　印　　张：8.75
字　　数：111 千字
06500 元

PRINTED IN CHINA
凡有印装质量问题，本社负责调换。售后 QQ 号 1367565611，电话 010-82303590

总 策 划：任书良

策　　划：梁晓晶　唐时雨

编　　者：顾建忠　唐时雨　房嘉慧

王叶子　李　君　张小菲

插画绘制：杨人洁

编写说明

《K12 标准中文》系列教材是为 K-12 年级非母语学习者编写的国际中文分级教材，旨在让学习者在喜闻乐见的中国现代生活和传统文化故事中实现语言水平的逐级提升。教材从语言与文化两个维度，严格对标中国教育部中外语言交流合作中心发布的《国际中文教育中文水平等级标准》(GF 0025—2021) (以下简称《等级标准》) 及《国际中文教育用中国文化和国情教学参考框架》(以下简称《参考框架》)。本套教材遵循“结构一功能一文化”相结合的原则，以学生为中心，以语言运用为导向，结合美国《21 世纪外语学习标准》中提出的“5C”目标 (Communication 沟通、Cultures 文化、Connections 贯连、Comparisons 比较、Communities 社区)，秉持“汉字为基，文化为体，兴趣为本，分级为纲”的理念设计编写。教材尊重二语习得规律，内容设置循序渐进，形成了语言教学和文化教学的闭环交融结构。

《K12 标准中文》系列教材依据《等级标准》中提出的“三等九级”新范式进行编写，结合 K-12 学段学习者实际需求，进一步将分级标准细化为“五阶九级”，形成从基础阶、初阶，到中阶、进阶，再到高阶的螺旋式上升结构，九个级别与《等级标准》一一对应。在参考语法和词汇等级教学大纲的基础上，依据《参考框架》，从文化知识、文化理解、跨文化意识、文化态度四个维度精心设计教学内容。文化教学遵循具体到抽象的原则，从浅层文化逐步过渡到深层文化，将文化分级融入教材之中，力求全面、系统、客观地向世界介绍中国文化和当代国情，为促进文明交流互鉴和构建人类命运共同体做出积极贡献。

《K12 标准中文》系列教材入选两项科研基金项目：教育部中外语言交流合作中心 (CLEC) 科研基金项目“《国际中文教育中文水平等级标准》教学资源建设”(项目编号 YHJC21ZD-059) 和汉考国际 (CTI) 科研基金项目“新时代背景下基于《国际中文教育中文水平等级标准》的 K-12 中小学中文教材开发”(项目编号 CT12021B06)。全套教材已于 2024 年通过汉考国际 HSK/YCT 考试适用性认证，适用于 HSK 和 YCT 考试，推荐各国中小学中文学习者使用。

《K12 标准中文》设五个阶段，共九个级别：

基础阶（《K12 标准中文》1 级）：对标《等级标准》1 级、HSK1 级、YCT1 级，侧重于 5C 中的 Communication（沟通）。在基础阶段，学习者能就日常起居、个人信息等基本社会话题进行简单交际，了解基本文化常识及日常社交礼仪与行为规范。

初阶（《K12 标准中文》2 级）：对标《等级标准》2 级、HSK2 级、YCT2 ~ 3 级，侧重于 5C 中的 Communication（沟通）。学习者能就家庭情况、居住环境、购物等话题进行简短交流并完成相关交际任务，能够掌握中国节庆文化相关习俗，并能关联本国文化相关因素。

中阶（《K12 标准中文》3 ~ 4 级）：对标《等级标准》3 ~ 4 级、HSK3 ~ 4 级、YCT4 级，侧重于 5C 中的 Communication（沟通）、Communities（社区）和 Cultures（文化）。学习者能就校园生活、旅游出行等话题进行完整、连贯的交流并完成就医、邀请等交际任务，能够掌握名胜古迹、饮食文化、传统艺术等文化内容，并能进行文化对比。

进阶（《K12 标准中文》5 ~ 6 级）：对标《等级标准》5 ~ 6 级、HSK5 ~ 6 级，侧重于 5C 中的 Cultures（文化）和 Comparisons（比较）。学习者能就人际交往、社会现象等话题进行丰富、流畅、得体的社会交际并完成相关交际任务（如发表见解、谈论历史文化等），能够掌握中国寓言故事、当代文学艺术、对外交往等多样性文化内容，理解社会现象背后的文化内涵并适当发表见解。

高阶（《K12 标准中文》7 ~ 9 级）：对标《等级标准》7 ~ 9 级、HSK7 ~ 9 级，侧重于 5C 中的 Cultures（文化）、Comparisons（比较）和 Connections（贯连）。学习者能就各类高层次或专业话题进行较为规范、流利、得体的社会交际，能够理解中国社会生活和当代国情的特点及其文化内涵，具备分析与评价中国文化的动态发展与影响因素的能力。

《K12 标准中文》编写组

2024 年 7 月 12 日

Introduction

The *K12 Standard Chinese* series of teaching materials is an international Chinese graded textbooks designed for non-native language learners in K-12 grades, aiming to enable students to achieve a gradual improvement in language proficiency through enjoyable stories on modern Chinese life and traditional culture. Based on language and culture, the textbook is compiled in strict accordance with the *Chinese Proficiency Grading Standards for International Chinese Language Education* (GF 0025-2021) (hereinafter referred to as the Grading Standards) and *The Framework of Reference for Chinese Culture and Society in International Chinese Language Education* (hereinafter referred to as the *Framework of Reference*) released by MOE Center for Language Education and Cooperation. This series of teaching materials follows the principle of combining structure, function and culture with students as the center and language use as the guide. It combines the "5C" goals (Communication, Cultures, Connections, Comparisons, and Communities) proposed by *Standards for Foreign Language Teaching in the 21st Century* in the US and upholds the writing ideas of "taking the Chinese characters as the basis, culture as the body, interest as the foundation and grading as the outline". It respects the law in second language acquisition, and designs the content step by step, thus forming a close-loop integration structure of language teaching and cultural teaching.

The *K12 Standard Chinese* series of textbooks is developed based on the new paradigm of "three bands and nine levels" proposed in the *Grading Standards*. Combined with K-12 learners' actual needs, the grading standards are further divided into "five stages and nine levels", thus forming a spiral upward structure ranging from the basic stage, initial stage, to the intermediate stage, pre-advanced stage, and then to the advanced stage. The nine levels have a one-to-one correspondence to the *Grading Standards*. Referring to the teaching syllabus for grammar and levels of vocabulary and based on *The Framework of Reference*, the teaching content is carefully designed from four aspects: knowledge of culture, understanding of culture, cross-cultural consciousness, and attitude towards culture. It teaches culture from the specific to the abstract, from the elementary to the profound, and strives to introduce Chinese culture and its contemporary national conditions to the world comprehensively, systematically and objectively, thus making positive contributions to promoting exchange and mutual learning among civilizations and building a community with a shared future for mankind.

The *K12 Standard Chinese* series of textbooks has been selected for two research fund projects: "Teaching Resources Construction for *Chinese Proficiency Grading Standards for International Chinese Language Education*" (project number YHJC21ZD-059), a scientific fund project sponsored by the MOE Center for Language Education and Cooperation (CLEC) and "Development of Chinese Textbooks for K-12 Primary and Secondary Schools Based on *Chinese Proficiency Grading Standards for International Chinese Language*

Education in the New Era" (project number CT12021B06), a scientific fund project sponsored by Chinese Testing International Co., Ltd. (CTI). The whole series of teaching materials has passed the applicability certification of HSK/YCT organized by CIT in 2024, and is suitable for these international tests for Chinese language. It is recommended to Chinese language learners in primary and secondary schools around the world.

The *K12 Standard Chinese* has five stages and totals 9 levels: the basic stage (Level 1 of *K12 Standard Chinese*) corresponds to Level 1 of *Grading Standards* or HSK1/YCT1, emphasizing on Communication in the "5C". In basic stage, students can have simple communication on daily life, personal information and other basic social topics, and understand basic cultural knowledge and daily social etiquette and behavior norms.

The initial stage (Level 2 of *K12 Standard Chinese*) corresponds to Level 2 of *Grading Standards* or HSK2/YCT2-3, emphasizing on Communication in the "5C". Students can communicate briefly on topics such as family background, living environment, shopping, etc. and complete relevant communication tasks. They can master the related customs on Chinese festivals, and can also relate to cultural factors in their own country.

The intermediate stage (Levels 3-4 of *K12 Standard Chinese*) corresponds to Levels 3-4 of *Grading Standards* or HSK3-4/YCT4, emphasizing on Communication, Communities, and Cultures in the "5C". Students can communicate completely and coherently on campus life, travel and other topics, and complete communication tasks such as seeking medical treatment and making invitations. They can learn places of interest, food culture, traditional art and other culture, and make cultural comparisons.

The pre-advanced stage (Levels 5-6 of *K12 Standard Chinese*) corresponds to Levels 5-6 of *Grading Standards* or HSK5-6, emphasizing on Cultures and Comparisons in the "5C". Students can carry out abundant, fluent and appropriate social communication on interpersonal communication, social phenomena, and other topics, and complete relevant communication tasks (such as expressing opinions and talking about history and culture). They can master China's fables, contemporary literature and art, foreign communication and other diverse cultural contents, understand the cultural connotations behind social phenomena and express their opinions appropriately.

The advanced stage (Levels 7-9 of *K12 Standard Chinese*) corresponds to Levels 7-9 of *Grading Standards* or HSK7-9, emphasizing on Cultures, Comparisons and Connections in the "5C". Students can conduct standardized, fluent and appropriate social communication on various advanced or professional topics, understand the characteristics and cultural connotations of China's social life and contemporary national conditions, and have the ability to analyze and evaluate the dynamic development and influencing factors of Chinese culture.

Writing Group of *K12 Standard Chinese*

July 12, 2024

目录

Unit 1

中国饮食文化

Chinese Food Culture

Unit 2

传统文化与习俗

Traditional Culture and Customs

Unit 3

学业成长体验

Academic Growth Experience

Unit 4

传统文化故事

Stories of Traditional Culture

Unit 5

艺术与文化故事

Stories of Art and Culture

第一单元
Unit 1

zhōng guó yǐn shí wén huà
中国饮食文化
Chinese Food Culture

第一课　美食里的中国文化
Lesson 1　Chinese Culture in Food

课文一　北京烤鸭　Text 1　Beijing roast duck

朋　　友：欢迎你来到北京，这里可是世界有名的旅游城市(chéng shì)。

大枫爸爸：是啊！除了美丽的风景(fēng jǐng)外，据说北京还有很多小吃(xiǎo chī)，像冰糖葫芦、豆汁儿(dòu zhīr)等。

朋　　友：除了小吃以外，还有很多其他美食，如烤鸭(kǎo yā)、涮羊肉(shuàn yáng ròu)等。

大枫爸爸：我都想吃！北京烤鸭在全世界都超级(chāo jí)有名。

朋　　友：是的。很多外国朋友都很热爱(rè ài)中国美食，烤鸭在他们心中的排名绝对(pái míng jué duì)是前几位。北京烤鸭有很多种(zhǒng)，各个饭店的做法不完全一样。我带你去全聚德(quán jù dé)好好(hǎo hǎo)吃一顿，在那里你可以吃到正宗(zhèng zōng)的北京烤鸭，因为那里的烤鸭采用(cǎi yòng)传统(chuán tǒng)的制作方法，一定会给你留下很深(shēn)的印象(yìn xiàng)！

大枫爸爸：那我们现在就出发吧，我一分钟都不想再等了。

词语学习 Word Learning

识写

1. 城市 chéngshì city
2. 超级 chāojí super
3. 热爱 rè'ài love
4. 排名 pái//míng ranking
5. 绝对 juéduì absolutely
6. 种 zhǒng kind
7. 好好 hǎohǎo to one's heart's content
8. 采用 cǎiyòng adopt, use
9. 深 shēn deep
10. 印象 yìnxiàng impression

识读

1. 风景 fēngjǐng view, scenery
2. 小吃 xiǎochī snack
3. 豆汁儿 dòuzhīr fermented bean drink
4. 烤鸭 kǎoyā roast duck
5. 涮羊肉 shuànyángròu instant-boiled mutton
6. 正宗 zhèngzōng authentic
7. 传统 chuántǒng traditional

专有名词

- 全聚德 Quánjùdé name of a famous restaurant

活动与练习 Activities and Exercises

一、用汉语说一说 Say the following in Chinese

dòu zhīr
豆汁儿

bào dǔr
爆肚儿

chǎo gānr
炒肝儿

lǔ zhǔ
卤煮

kǎo yā
烤鸭

shuàn yáng ròu
涮羊肉

zhá jiàng miàn
炸酱面

yún dòu juǎnr
芸豆卷儿

二、选择恰当的词语填空 Choose the right words to fill in the blanks

热爱　　采用　　排名　　好好

1. 在所有的北京小吃中，冰糖葫芦在我心中是________第一的。

2. 大卫一家在北京生活很久了，他们都非常________这座城市。

3. 不要着急，你________说你昨天为什么没来上学。

4. 每个人的学习方法都不一样，你应该________适合自己的学习方法。

三、回答下列问题 Answer the following questions

1. 哪里可以吃到正宗的北京烤鸭？

2. 北京烤鸭有哪些特点？

3. 假如你有一位没来过北京的朋友，你会怎么给他 / 她介绍北京的美食？请你和同学一起说一说，并把重要的内容记录下来。

北京美食

课文二 火锅里的中国文化
Text 2 Chinese culture in hot pot

火锅是中国人最爱的美食之一，也最能代表(dài biǎo)中国人合餐的饮食习惯。热乎乎的火锅表达(biǎo dá)一种热烈(rè liè)亲密的情感(qíng gǎn)，圆圆的火锅则表示圆(yuán)满(mǎn)。大家围(wéi)坐在一起，把自己爱吃的各种青菜、鱼、牛羊肉、面条儿等都放进火锅里面(lǐ miàn)，可以保证营养的丰富。同时，大家像家人一样在同一口火锅里吃饭，边吃边聊，人与人之间(zhī jiān)的距离(jù lí)很容易(róng yì)就拉近了，人与人的关系(guān xì)也快速变得亲近(qīn jìn)起来。吃火锅时，每一个人都可以选自己喜欢的食物。这一方面(yì fāng miàn)保留(bǎo liú)了每个人的独特个性(gè xìng)，另一方面(lìng yì fāng miàn)又展现(zhǎn xiàn)了集体(jí tǐ)行动的热闹(rè nao)，体现(tǐ xiàn)出中国文化中“和而不同”的思想(sī xiǎng)。火锅经过数千年的发展，已经成为中国文化的代表，联系(lián xì)着你和我，向世界传达(chuán dá)着中国的文化(wén huà)精神(jīng shén)和热情！

词语学习 Word Learning

识写

1	代表	dàibiǎo	represent
2	表达	biǎodá	express
3	热烈	rèliè	ardent, warm
4	情感	qínggǎn	emotion
5	围	wéi	surround
6	里面	lǐmiàn	inside
7	容易	róngyì	easy
8	关系	guānxì	relation
9	一方面	yì fāngmiàn	on the one hand
10	保留	bǎoliú	keep, retain
11	个性	gèxìng	personality
12	另一方面	lìng yì fāngmiàn	on the other hand
13	集体	jítǐ	collective
14	体现	tǐxiàn	embody, reflect
15	思想	sīxiǎng	thought
16	联系	liánxì	connect
17	文化	wénhuà	culture
18	精神	jīngshén	spirit

识读

1	圆满	yuánmǎn	completeness
2	之间	zhījiān	between
3	距离	jùlí	distance
4	亲近	qīnjìn	intimate, close
5	展现	zhǎnxiàn	show, demonstrate
6	热闹	rènao	lively
7	传达	chuándá	convey

本课语法　Grammar in This Lesson

口/杯/本/个/家/间/块/页

- 大家像家人一样在同一口火锅里吃饭。
- 这条路上一共有四家饭店。
- 这本中文书一共有187页。

一方面……，另一方面……

- 这一方面保留了每个人的独特个性，另一方面又展现了集体行动的热闹。
- 老师一方面看到了我们每个人的优点，另一方面也指出了我们的缺点。
- 盘古一方面用身体分开了天和地，另一方面用身体创造了新世界。

活动与练习　Activities and Exercises

一、填入适当的量词 Fill in the brackets with the right measure words

1. 我想买一（　　　）可乐。
2. 我家有五（　　　）人。
3. 两（　　　）苹果要五（　　　）六毛。

4. 这里有两（　　　）中文书。

5. 这（　　　）饭店的味道很不错。

6. 大枫一共有四（　　　）好朋友。

7. 请打开中文书的第 36（　　　）。

8. 这层楼一共有六（　　　）教室。

二、用所给词语完成对话 Complete the dialogs with the words given

1. A：为什么很多中国人都喜欢吃火锅？

B：____。

（一方面……，另一方面……）

2. A：小叶，你和大枫的关系怎么样？

B：____________________________________。（联系）

3. A：____________________________________？（容易）

B：我认为很难。

4. A：你认为"吃火锅"是中国文化的一部分吗？

B：____________________________________。（代表）

5. A：____________________________________？（表达）

B：____________________________________。（热烈）

三、说一说，画一画 Talk and draw

你吃过中国的火锅吗？你吃火锅的时候都会点什么菜呢？请把你喜欢的菜画下来，并和同学讨论讨论“火锅好不好吃”。

Have you ever eaten Chinese hot pot? What vegetables and meat would you like to order when you eat hot pot? Please draw a picture of your favorite vegetables or meat and discuss with your classmates “whether hot pot is delicious”.

第二课 有意思的筷子
Lesson 2 Interesting Chopsticks

课文一 八大菜系
Text 1 The eight major Chinese cuisines

中国面积(miàn jī)广大，在全国范围(fàn wéi)内生活着五十六个民族(mín zú)，共有(gòng yǒu)六百多个城市，各地(gè dì)食物的种类不同，制作(zhì zuò)方法也都具有自己的特色。虽然不同地方的菜各有特色，但都讲究(jiǎng jiu)营养和健康。另外(lìng wài)，在中国做菜是一门艺术(yì shù)，食物除了要做得好吃，还要做得足够漂亮，讲究色、香(xiāng)、味俱(jù)全。

中国有很多的地方菜系(xì)，其中鲁菜、川菜、粤菜、苏菜、闽菜、浙菜、湘菜和徽菜这八大菜系最为著名(zhù míng)。每种菜系的形成(xíng chéng)跟当地(dāng dì)的自然气候(zì rán qì hòu)相关(xiāng guān)。各地的不同气候形成了不同的味道：北方地区(dì qū)冷，菜的味道就重一些；华东地区气候舒适(shū shì)，菜以甜(tián)味和咸味为(wéi)主；西南地区多雨，菜多利用(lì yòng)辣(là)味来保护(bǎo hù)身体不受湿(shī)气影响。

中华民族(zhōng huá mín zú)在文明(wén míng)发展过程中创作(chuàng zuò)出了属于(shǔ yú)中国的美食地图，每个地方都有各自(gè zì)的特色菜系，那么各位(gè wèi)在八大菜系当中(dāng zhōng)最喜欢哪种呢？

词语学习　Word Learning

识写

1	面积	miànjī	area
2	范围	fànwéi	range, scope
3	民族	mínzú	ethnic group
4	共有	gòngyǒu	total
5	各地	gèdì	various regions
6	制作	zhìzuò	make
7	另外	lìngwài	in addition
8	艺术	yìshù	art
9	香	xiāng	delicious
10	系	xì	style
11	形成	xíngchéng	formation
12	当地	dāngdì	local
13	自然	zìrán	nature
14	气候	qìhòu	climate
15	相关	xiāngguān	relevant
16	地区	dìqū	district
17	甜	tián	sweet
18	为	wéi	be

19	利用	lìyòng	use
20	保护	bǎohù	protect
21	中华民族	Zhōnghuá Mínzú	Chinese nation
22	文明	wénmíng	civilization
23	创作	chuàngzuò	create
24	属于	shǔyú	belong to
25	各自	gèzì	respective
26	各位	gèwèi	everyone
27	当中	dāngzhōng	among

识读

1	讲究	jiǎngjiu	attach importance to
2	俱	jù	all
3	著名	zhùmíng	famous
4	舒适	shūshì	comfortable
5	辣	là	spicy
6	湿	shī	wet

本课语法 Grammar in This Lesson

另外

- 另外，在中国做菜是一门艺术，食物除了要做得好吃，还要做得足够漂亮，讲究色、香、味俱全。
- 我们明天到校要上中文课，另外，还要参加一个中国文化活动。
- A：小叶生日你准备什么了吗？
  B：我买了礼物，另外，还联系班上同学准备了生日晚会。

活动与练习 Activities and Exercises

一、选择恰当的词语填空 Choose the right words to fill in the blanks

面积　保护　自然　形成　气候　民族

1. 这是一个________公园，里面住着很多________动物。
2. 我觉得北方的________比南方好，因为南方总是在下雨。
3. 通过学习，我知道了中国一共有五十六个________。
4. 这个机场的________很大。
5. 只有________了好的学习习惯，才能学好中文。

二、用所给词语完成对话 Complete the dialogs with the words given

1. A：川菜的味道怎么样？
   B：________________________________。（香）
2. A：我听说中国菜有很多种类，是真的吗？
   B：________________________________。（另外）
3. A：________________________________？（当地）
   B：是的，所以才形成了不同的菜系。
4. A：________________________________？（各地）
   B：比如，四川人喜欢吃辣的，但是上海人更喜欢吃甜的。
5. A：________________________________？（制作）
   B：我不知道，但是你可以试试。

三、说一说，画一画 Talk and draw

你都吃过中国哪些地方的美食呢？这些美食属于哪个菜系？又有什么特点呢？请你把最喜欢的中国地方美食画下来，并为它写一段介绍，最后和同学们交流交流。

What local foods have you eaten in China? Which cuisines do the foods belong to, and what are their characteristics? Please draw your favorite Chinese local food and write an introduction for it. Then discuss with your classmates.

课文二　筷子里的中国文化
Text 2　Chinese culture in chopsticks

筷子是每一个中国人日常(rì cháng)都会使用的一种餐具(cān jù)，由中国人发明，非常具有民族特色，后来慢慢(màn màn)传到了日本、韩国等国家。筷子看起来(kàn qi lai)只是两根简单的小木棒，但它可以满足(mǎn zú)你大部分的进食需求(xū qiú)。同时，这简单的筷子不仅仅(jǐn jǐn)是吃饭的工具，里面更是有着丰富而又深刻(shēn kè)的中国文化。

首先，我们看看筷子的“筷”字是怎么来的。

筷子早先叫“箸”，“筷子”这个叫法开始于明代。因为“箸”和“住”同音，开船的人最害怕(hài pà)船停住，因此改“箸”成“快儿”，意思是让船快行。因为筷子是竹子做的，时间久了，人们就在“快”上加了个竹字头，叫作“筷子”了。

其次，筷子为什么一头圆(yuán)一头方(fāng)呢？

由于古代中国人对宇宙的看法是“天圆地方”，认为天是圆形的，而地是方形的。所以，筷子的形状(xíng zhuàng)代表着中国的文化观念(guān niàn)，方的一头代表地，圆的一头代表天。

最后，吃饭用的筷子是两根，那么为什么要叫“一双(shuāng)”筷子呢？

因为筷子在使用时讲究配合(pèi hé)，一根主动，一根从动。人们需要调整好手指(shǒu zhǐ)的力量，各手指联合(lián hé)起来才能夹(jiā)得住食物。如果两根都主动，或者两根都不动，就夹不住。两根筷子是一个整体(zhěng tǐ)，考验(kǎo yàn)的是团体(tuán tǐ)合作(hé zuò)，缺少(quē shǎo)双方(shuāng fāng)中的任何一根都没用(méi yòng)，所以要说“拿一双筷子”，而不是“拿两根筷子”。

在中国传统文化里，筷子代表成双成对。因此，中国人的婚礼(hūn lǐ)上经常会出现筷子，表示成双成对、永远不分开的美好祝福(zhù fú)。

词语学习 Word Learning

识写

1	日常	rìcháng	daily	7	深刻	shēnkè	profound
2	慢慢	mànmàn	slowly	8	害怕	hàipà	afraid
3	看起来	kàn qilai	look	9	形状	xíngzhuàng	shape
4	满足	mǎnzú	satisfy	10	观念	guānniàn	concept, idea
5	需求	xūqiú	need, demand	11	双	shuāng	pair
6	仅仅	jǐnjǐn	only, merely	12	配合	pèihé	cooperate

13	手指	shǒuzhǐ	finger
14	联合	liánhé	combine, join
15	整体	zhěngtǐ	overall, entirety
16	考验	kǎoyàn	test
17	团体	tuántǐ	group
18	合作	hézuò	collaborate
19	缺少	quēshǎo	lack
20	双方	shuāngfāng	both sides
21	没用	méiyòng	useless

识读

1	餐具	cānjù	tableware
2	圆	yuán	circle
3	方	fāng	square
4	夹	jiā	clamp
5	婚礼	hūnlǐ	wedding
6	祝福	zhùfú	blessing

本课语法　Grammar in This Lesson

看起来

- 筷子看起来只是两根简单的小木棒，但它可以满足你大部分的进食需求。
- 妈妈工作了一天，看起来有点儿累。
- A：今天的作业又多又难。

  B：看起来，你今天要很晚才能睡觉了。

活动与练习 Activities and Exercises

一、为"看起来"选择适当的位置 Choose the right places for "看起来"

1. 这道 A 菜 B 那么 C 好吃，结果太难吃 D 了。

2. 大卫 A 的样子 B 像英国人，但他 C 说话又像 D 法国人。

3. 这张照片 A 真 B 好看，奶奶 C 都 D 变年轻了。

4. 大枫 A 考试 B 成绩 C 不好，所以他现在 D 很难过。

5. A 小叶正在 B 写作业，她 C 很 D 认真。

二、选择恰当的词语填空 Choose the right words to fill in the blanks

1. 筷子是由中国人________的，非常具有民族特色。

   A. 工具　　B. 工人　　C. 发明　　D. 发现

2. 这个城市有各种各样的餐厅，可以________不同人的口味和需求。

   A. 满足　　B. 满意　　C. 适合　　D. 充满

3. 除了吃饭，筷子在我们的________生活中还有很重要的作用。

   A. 节日　　B. 日子　　C. 经常　　D. 日常

4. 只要我们一起________，就能更好地完成中文作业。

   A. 适合　　B. 合作　　C. 合适　　D. 结果

5. 小叶今天请假了，所以我觉得好像________了什么。

   A. 少来　　B. 多少　　C. 缺少　　D. 很少

三、课堂讨论 Discuss in the class

你会使用筷子吗？请你对比一下儿筷子和叉子的区别，并和同学们交流交流。

Do you know how to use chopsticks? Compare the differences between chopsticks and forks, and discuss with your classmates.

区别	筷子 	叉子 
优点		
缺点		

翻译及表达练习
Exercises on Translation and Expressions

一、将下列对话翻译成中文 Translate the following conversation into Chinese

(Tom's family arrives at Xingfu Restaurant)

Waitress: Welcome to Xingfu Restaurant. How many are dining?

Tom's mother: A table for three, please.

Waitress: Come this way. Please have a seat.

Tom's mother: Thank you.

(Ordering food)

Waiter: Hello! Can I help you?

Tom's father: Yes, please.

Waiter: What would you like to order?

Tom's father: We would like a hot pot.

Waiter: OK. What kind of flavor do you like?

Tom's mother: Spicy.

Waiter: Would you like any side dishes?

Tom's mother: Of course. A portion of lettuce, a plate of potato, some fish fillets and mutton slices, please. What kind of beverages do you have?

Waiter: OK. We have cola, coconut juice, milk tea and apple vinegar, etc.

Tom: I want a Coke.

Tom's mother: Fine, three colas, please.

Waiter: OK. Just a moment.

二、口语表达 Oral expression

1. 以小组为单位进行角色扮演，表演到中餐馆点餐的场景。

Role-play in groups to mimic the conversation about ordering food in a Chinese restaurant.

2. 分享自己国家的特色食物和饮食文化。

Introduce the speciality food and food culture of your country with your classmates.

中国古诗
Classical Chinese Poem

niǎo míng jiàn
鸟鸣涧

táng wáng wéi
［唐］王维

rén xián guì huā luò
人闲桂花落，
yè jìng chūn shān kōng
夜静春山空。
yuè chū jīng shān niǎo
月出惊山鸟，
shí míng chūn jiàn zhōng
时鸣春涧中。

在教师的指导下，背诵这首诗。
Recite this poem under the teacher's instruction.

第二单元
Unit 2

chuán tǒng wén huà yǔ xí sú
传统文化与习俗
Traditional Culture and Customs

第三课　过春节为什么也叫过年？
Lesson 3　Why Is the Spring Festival Also Called "Nian"?

课文一　“年”的故事
Text 1　The story of "Nian"

传说(chuán shuō)中国古(gǔ)时候有一个叫“年”的怪兽(guài shòu)，头上长着两个角，看着让人特别害怕，十分危险(wēi xiǎn)。

“年”长期住在大海底下(dǐ xia)，每年除夕(chú xī)才爬上岸来，危害(wēi hài)动物和老(lǎo)百姓(bǎi xìng)。因此，每年除夕大家都特别害怕，尽量(jǐn liàng)不到公共(gōng gòng)场所(chǎng suǒ)去，还会赶紧(gǎn jǐn)上山躲避(duǒ bì)。有一年的除夕，从村外来了个乞讨(qǐ tǎo)的老头儿(lǎo tóur)。知道“年”兽又要来了，村民(cūn mín)们正在急着关上门窗，要上山躲避“年”兽，没人关注(guān zhù)到这个乞讨的老头儿。只有村东头的一位老太太(lǎo tài tai)让他赶快(gǎn kuài)上山，那老头儿笑着说：“您如果让我在您家住一夜，我一定把‘年’赶(gǎn)走。”

半夜，“年”进村子里来了，它发现这次村里与以前不同：村东头老太太家，门上贴(tiē)着大红纸，屋子内(wū zi nèi)亮着光。“年”害怕得大叫了一声。接近(jiē jìn)门口时，院内突然传来(chuán lái)噼里啪啦的声音，“年”害怕极了，再不敢(gǎn)往前走了，连忙(lián máng)离开了这个村子。原来，“年”最怕红色、火光和爆炸(bào zhà)声。

第二天，老太太跟大家讲了乞讨老头儿把“年”兽吓走的故事，向大家公开(gōng kāi)了“年”害怕的东西。从这天起，每年除夕，家家都会贴红色的春联(chūn lián)、“福(fú)”字，燃放爆竹(rán fàng bào zhú)等。就这样，“年”再也不是大家的对手(duì shǒu)了，人类打过了“年”。所以，过春节也叫过年。亲人朋友会在大年初一(chū yī)互相(hù xiāng)问“过年好”，在这个过程(guò chéng)中，春节习俗(xí sú)就慢慢形成了。

词语学习　Word Learning

识写

1	传说	chuánshuō	legend
2	古	gǔ	ancient
3	危险	wēixiǎn	dangerous
4	底下	dǐxia	under
5	危害	wēihài	harm
6	老百姓	lǎobǎixìng	common people
7	尽量	jǐnliàng	as far as possible
8	公共	gōnggòng	public
9	场所	chǎngsuǒ	place, site
10	赶紧	gǎnjǐn	hurry, hasten
11	老头儿	lǎotóur	old man
12	村民	cūnmín	villager
	村	cūn	village
13	关注	guānzhù	notice
14	老太太	lǎotàitai	old woman
15	赶快	gǎnkuài	at once
16	赶	gǎn	drive away
17	屋子	wūzi	room
18	内	nèi	in
19	接近	jiējìn	get close to
20	传来	chuánlái	come
21	敢	gǎn	dare
22	连忙	liánmáng	instantly
23	公开	gōngkāi	open, public
24	福	fú	happiness
25	对手	duìshǒu	opponent
26	初一	chūyī	New Year's Day
	初	chū	first (in order)
27	互相	hùxiāng	each other
28	过程	guòchéng	process

识读

1	怪兽	guàishòu	monster
2	除夕	chúxī	New Year's Eve
3	躲避	duǒbì	escape, evade
4	乞讨	qǐtǎo	beg
5	贴	tiē	paste, stick
6	爆炸	bàozhà	explode
7	春联	chūnlián	Spring Festival couplets
8	燃放	ránfàng	set off
9	爆竹	bàozhú	firecracker
10	习俗	xísú	custom

本课语法 Grammar in This Lesson

连忙

- “年”连忙离开了这个村子。
- 快上课了，同学们连忙走进教室。
- 看到一位老太太自己提着很重的东西，我连忙过去帮她。

互相 / 相互

- 亲人朋友会在大年初一互相问“过年好”。
- 老师告诉我们在学校要互相帮助。
- 开学第一天同学们互相不认识。
- 我们是一个组的，应该相互配合。

活动与练习 Activities and Exercises

一、选择恰当的词语填空 Choose the right words to fill in the blanks

连忙　　赶紧　　赶快　　马上　　赶

1. 天气太热了，我们还是________回家吧。
2. 听到爸爸回家的声音，大枫________跑去开门。
3. 还有两分钟就上课了，同学们________拿出中文书。
4. 你再跑快一点儿，后面的同学快要________上你了。
5. 你等我一下儿，我________就写完作业了。

二、回答下列问题，并复述本课的故事 Answer the following questions and retell the story of this lesson

1. “年”是什么？住在哪里？
2. 人们为什么害怕“年”？
3. 乞讨的老头儿做了什么？
4. “年”最后怎么样了？

三、课堂讨论 Discuss in the class

春节是中国最重要的节日，你们国家最重要的节日是什么呢？关于这个节日有什么好玩儿的故事呢？请和老师、同学们交流交流，并把重要的信息写下来。

Spring Festival is the most important festival in China. What is the most important festival in your country? What fun stories about this festival? Please communicate with your teacher and classmates, and note down the important information.

____

____

____

____

____

____

____

____

课文二 年年有余 Text 2 Surplus year after year

在中国，春节前人们会从世界各地赶(gǎn)回家，就为了吃一顿年夜饭(nián yè fàn)，和家人一起迎接(yíng jiē)新年。年夜饭年年必然(bì rán)会有鱼。因为有很多汉字的读音相似(xiāng sì)或相同，比如“年年有鱼”中的“鱼”和“余”读音一样，所以中国人采用这种方式来表达对新年美好(měi hǎo)的祝福。

“年年有余”的意思是“每一年的年底家里还有钱”，也就是说整整(zhěng zhěng)一年中家人们都不会缺(quē)钱。鱼的形象(xíng xiàng)代表着幸运(xìng yùn)和幸福，过年时，家里或外面(wài miàn)的很多地方往往(wǎng wǎng)都会挂上带鱼的图画(tú huà)，设计会有变化(biàn huà)，但都有着共同(gòng tóng)的意义(yì yì)，看上去(kàn shang qu)非常生动。所以，如果去中国朋友家，送他们跟鱼相关的图画等小礼物，他们准(zhǔn)喜欢！

词语学习 Word Learning

识写

1	赶	gǎn	rush for
2	迎接	yíngjiē	welcome
3	必然	bìrán	inevitable
4	相似	xiāngsì	similar
5	美好	měihǎo	good, nice
6	整整	zhěngzhěng	full, whole
7	缺	quē	lack, be short of
8	形象	xíngxiàng	image
9	幸运	xìngyùn	good luck
10	外面	wàimiàn	outside
11	往往	wǎngwǎng	often, usually
12	图画	túhuà	picture
	图	tú	picture
13	变化	biànhuà	change
14	共同	gòngtóng	common
15	意义	yìyì	meaning, significance
16	看上去	kàn shangqu	look
17	准	zhǔn	definitely

识读

年夜饭 niányèfàn New Year's Eve dinner

本课语法　Grammar in This Lesson

往往

- 过年时，家里或外面的很多地方往往都会挂上带鱼的图画。
- 爸爸下班后往往要去超市逛逛。
- 假期的时候，我们全家往往会出国旅行。
- 冬天，北方往往会下雪。

活动与练习　Activities and Exercises

一、选择恰当的词语填空 Choose the right words to fill in the blanks

常	经常	常常	往往	往

1. 最近几天，北京________下雨。
2. 周末的时候，大枫________去打篮球。
3. 欢迎你________来我家玩儿。
4. 我在你的右边，你________右边看就能看到我了。
5. 平时他就________去跑步，所以才能在运动会上拿第一名。

二、回答下列问题 Answer the following questions

1. 为什么中国的年夜饭必然会有鱼？
2. “年年有余”是什么意思？
3. 为什么年夜饭对于中国人来说很重要？

三、说一说，画一画 Talk and draw

你吃过中国春节的年夜饭吗？在你们国家最重要的节日里，你们会吃什么呢？请把你印象中的中国年夜饭和你们国家的节日大餐画出来，并和老师、同学们交流交流。

Have you ever eaten Chinese New Year’s Eve dinner? What do you eat on the most important festival of your country? Please draw the Chinese New Year’s Eve dinner in your memory and your country’s festival “feast”, and communicate with your teacher and classmates.

中国的年夜饭	你们国家的节日大餐

第四课　十二生肖里有猫吗？
Lesson 4　Is There a Cat in Chinese Zodiac?

课文一　抓周　Text 1 *Zhuazhou*

今天是弟弟满一周岁的日子，全家人都来为他庆祝生日。在中国，人生(rén shēng)的第一个生日会有一个特别的纪念(jì niàn)活动，叫抓周(zhuā zhōu)。今天，弟弟也要抓周了。我们在地上铺(pū)了一块红布，红布边上放着一圈各不相同的东西，有笔、钱、书、筷子、食物、玩具等等。红布的中间坐着可爱的弟弟，周围围着观(guān)看(kàn)的家人。观众(guān zhòng)们都非常关注弟弟的小手，因为通常(tōng cháng)大家会通过孩子抓住(zhuā zhù)的东西来判断(pàn duàn)他以后可能会从事(cóng shì)的职业，然后为孩子送上祝福。比如，抓起一支笔，那么他应当(yīng dāng)会做类似(lèi sì)作家这样跟文字(wén zì)相关的工作；抓起钱，预计(yù jì)他会变成一个大商人或在银行工作；等等。

弟弟一会儿碰碰书，一会儿看看彩色(cǎi sè)的玩具。哈哈！很明显，弟弟还没找到自己将来(jiāng lái)的就业(jiù yè)方向呢！

呀！弟弟抓起了一个足球(zú qiú)，这个谜(mí)终于(zhōng yú)解开(jiě kāi)了。大家都开心地说，这说明弟弟长大了很可能会成为一个足球明星呢！看见大家在笑，弟弟也跟着笑起来，整个(zhěng gè)房间充满了欢乐(huān lè)和温暖(wēn nuǎn)。

词语学习 Word Learning

识写

1. 人生 rénshēng life
2. 纪念 jìniàn commemorate
3. 观看 guānkàn watch
4. 观众 guānzhòng audience
5. 通常 tōngcháng usually
6. 抓住 zhuāzhù grasp, catch hold of
7. 判断 pànduàn judge
8. 从事 cóngshì engage in
9. 应当 yīngdāng should
10. 类似 lèisì similar
11. 文字 wénzì characters, writing
12. 预计 yùjì predict
13. 彩色 cǎisè coloured, colourful
14. 将来 jiānglái future
15. 就业 jiùyè be employed
16. 足球 zúqiú soccer

17	终于	zhōngyú	finally
18	解开	jiěkāi	solve
19	整个	zhěnggè	whole
20	欢乐	huānlè	happy
21	温暖	wēnnuǎn	warm

识读

1	抓周	zhuāzhōu	*zhuazhou*, a grabbing test on a baby's first birthday
2	铺	pū	pave
3	谜	mí	mystery

本课语法 Grammar in This Lesson

通常

- 通常大家会通过孩子抓住的东西来判断他以后可能会从事的职业。
- 王老师通常很早就到学校了。
- 小叶通常不会晚交作业。

一会儿……，一会儿……

- 弟弟一会儿碰碰书，一会儿看看彩色的玩具。
- 最近的天气有点儿奇怪，一会儿冷，一会儿热。
- 妹妹今天做作业不认真，一会儿吃东西，一会儿玩儿玩具。

活动与练习 Activities and Exercises

一、选择恰当的词语 Choose the right words

1. 今天有很多（观看　观众）来（观看　观众）我们的节目。
2. 今天是星期一，爸爸（应当　当然）没有那么早回家。
3. 爷爷（往常　通常）早上六点半起床到公园去运动。
4. 我不喜欢黑色的衣服，我喜欢（彩色　颜色）的。
5. 请问你的妈妈正在（从事　事业）什么样的工作？

二、回答下列问题 Answer the following questions

1. 什么是“抓周”？
2. “抓周”发生在几岁？
3. 如果让你举办一次“抓周”活动，你会准备什么东西？为什么？

三、课堂讨论 Discuss in the class

在你的国家，当小孩子一周岁的时候，你们会怎么庆祝呢？有没有类似“抓周”的活动呢？请和老师、同学们交流交流，并把重要的信息记录下来。

In your country, how do you celebrate a child's first birthday? Do you have any activity similar to *zhuazhou*? Please communicate with your teacher and classmates, and note down the important information.

课文二 十二生肖 Text 2 Chinese Zodiac

为了更好地计算年代，玉皇大帝想选出12种动物作为代表。所以，他通知动物们按照时间到天宫来竞选，并对它们说："我会按照你们到达的时间进行排名，来得越早的排得越靠前，后面的就排不上了。"那时候，猫和老鼠还是好朋友。猫爱睡觉，但它也想被选上，所以就让老鼠到时候叫它。可一心想着争第一的老鼠转头就忘记了。老鼠去找老牛，说它起得早跑得快，叫牛到时候带带它。老牛答应把老鼠背过去。

到了规定的时间，众动物纷纷赶向天宫，而猫还在睡觉。老鼠坐在牛的背上，到达天宫后，老鼠噌的一声跳到牛前面。看到有动物上来了，玉皇大帝就开始公布排名了，说老鼠最早到达，排第一，老牛只能排第二。老虎随后到了，排第三。兔子也到了，排第四。龙跟在兔子后面到了。它个儿大也很漂亮，玉皇大帝一眼就看到了它，并很喜欢它，让它排第五。后面的蛇马上跑来说："我排第六！我排第六！"蛇就这么排在了第六。马和羊也到了，它俩你让我、我让你的，“马兄你先”，“羊兄你先”。它们推来推去的，玉皇大帝让有礼貌的它们排了第七、第八。猴子(hóu zi)本来(běn lái)排三十几的，可是它凭(píng)自己会跳，就拉着天上的云朵跳到了前面，排到了第九。接着，鸡、狗、猪也被选上了。

比赛(bǐ sài)结束后猫才醒来，醒来后它知道自己输(shū)了，但相比(xiāng bǐ)之下，更加(gèng jiā)让它生气的是，破坏(pò huài)了自己计划的老鼠竟然(jìng rán)是第一名。从那以后，老鼠就被猫满世界地追。

词语学习　Word Learning

识写

1	为了	wèile	in order to
2	年代	niándài	time
3	按照	ànzhào	according to, as
4	到达	dàodá	arrive
5	排	pái	rank
6	争	zhēng	fight
7	背	bēi	carry on the back
8	背	bèi	back
9	上来	shànglai	come up
10	开始	kāishǐ	begin
11	公布	gōngbù	announce
12	龙	lóng	dragon
13	本来	běnlái	originally
14	比赛	bǐsài	competition
15	输	shū	lose, suffer a defeat
16	相比	xiāngbǐ	compare

17 更加 gèngjiā more

18 破坏 pòhuài ruin, mess up

识读

1 天宫 tiāngōng heavenly palace

2 竞选 jìngxuǎn enter into an election contest

3 纷纷 fēnfēn one after another

4 噌 cēng *a mimetic word (for a quick action)*

5 老虎 lǎohǔ tiger

6 随后 suíhòu soon afterwards

7 兔子 tùzi rabbit

8 蛇 shé snake

9 猴子 hóuzi monkey

10 凭 píng rely on

11 竟然 jìngrán unexpectedly

专有名词

玉皇大帝 Yùhuáng Dàdì Jade Emperor, the emperor in heaven

本课语法 Grammar in This Lesson

按照 / 按

- 他通知动物们按照时间到天宫来竞选。
- 工厂按照标准生产。
- 这里的房租大多按月或者按年计算。

本来

- 猴子本来排三十几的，可是它凭自己会跳，就拉着天上的云朵跳到了前面，排到了第九。
- 大枫本来是想买这部手机的，不过最后爸爸给他选了另外一部更适合他的。
- 飞机本来是上午 10 点起飞的，结果 11 点才起飞。

活动与练习 Activities and Exercises

一、用所学语法点造句 Make sentences with the grammar learned

1. 按照 / 按

例 按照你说的，我们明天早上八点在学校门口见。

按照________________，______________________________。

按________________，______________________________。

2. 本来

例 本来今天我要和大枫去动物园的，但是下雨了。

本来______________________________，________________。

__________本来____________________，________________。

二、根据课文内容，判断对错 Determine whether the following sentences are right (√) or wrong (×) according to the text

1. 十二生肖里有猫没有老鼠。(　　)
2. 玉皇大帝认为马和羊没有礼貌。(　　)
3. 十二生肖的第十二名是猪。(　　)
4. 如果没有牛，老鼠就不能拿到第一名。(　　)
5. 龙排在兔子的前面。(　　)

三、课堂讨论 Discuss in the class

中国的十二生肖和西方的十二星座(xīngzuò)有什么不一样？和老师、同学们讨论讨论，并把重要的信息记录下来。

What are the differences between Chinese Zodiac and the Western constellations? Discuss with your teacher and classmates, and note down the important information.

____

____

____

____

翻译及表达练习
Exercises on Translation and Expressions

一、用学过的词语翻译下列短语 Translate the following phrases with the words learned

例 stick couplets ___贴对联___

1. New Year customs ________________
2. stay up late on New Year's Eve ________________
3. set off fireworks and firecrackers ________________
4. go visiting one's relatives or friends ________________
5. surplus year after year ________________
6. Chinese Zodiac ________________

二、翻译并回答下列问题 Translate and answer the following questions

1. What is Nian most afraid of?
2. What are the 12 animals in Chinese Zodiac?
3. What does the idiom "年年有余" mean?
4. What will Chinese people do to celebrate their children's first birthday?

shān xíng
山行

táng dù mù
［唐］杜 牧

yuǎn shàng hán shān shí jìng xié
远上寒山石径斜，

bái yún shēng chù yǒu rén jiā
白云生处有人家。

tíng chē zuò ài fēng lín wǎn
停车坐爱枫林晚，

shuāng yè hóng yú èr yuè huā
霜叶红于二月花。

在教师的指导下，背诵这首诗。
Recite this poem under the teacher's instruction.

第三单元

Unit 3

xué yè chéng zhǎng tǐ yàn

学业成长体验

Academic Growth Experience

第五课　我在学校的一天
Lesson 5　My Day at School

课文一　你喜欢这学期的课程吗？
Text 1　Do you like the courses in this semester?

朋友：马上要开学啦！这个学期你们会学哪些课程？

小叶：基础（jī chǔ）课程有中文、英文、数学、科学和体育。除了这些课程，我们还可以选自己喜欢的活动课。

朋友：那你打算选哪几门活动课？

小叶：按规定，我们年级一人能选两门活动课，我打算选茶道（chá dào）和话剧（huà jù）。我爷爷很喜欢中国茶，我想回国时给他表演（biǎoyǎn）中国茶道。你呢？

朋友：茶道真好！不光（bù guāng）能学会一门技艺（jì yì），还能学到背后（bèi hòu）的中国文化呢！高年级只能选一门，所以我们基本上（jī běn shàng）只能选最爱的了。我决定（jué dìng）选足球，下学期恐怕（kǒng pà）我们就没有活动课了。

小叶：大家都一样。随(suí)着年级的升高，取消(qǔ xiāo)的活动课越来越多。不过，至少每学期学校都会举行足球比赛，你可以去参加。

朋友：那确实。你的想法很乐观(lè guān)，我简直(jiǎn zhí)太喜欢你了！希望有一天能在学校剧场(jù chǎng)里观看你演(yǎn)的话剧，相信你准能表现得很好！

词语学习 Word Learning

识写

1	基础	jīchǔ	basis, foundation
2	话剧	huàjù	drama
3	表演	biǎoyǎn	perform
4	不光	bùguāng	not only
5	背后	bèihòu	behind
6	基本上	jīběnshàng	basically, essentially
7	决定	juédìng	decide
8	恐怕	kǒngpà	afraid
9	随	suí	follow
10	取消	qǔxiāo	cancel
11	乐观	lèguān	optimistic
12	简直	jiǎnzhí	simply
13	剧场	jùchǎng	theater
14	演	yǎn	play (the part), act

识读

1	茶道	chádào	tea ceremony
2	技艺	jìyì	skill

本课语法 Grammar in This Lesson

恐怕

- 下学期恐怕我们就没有活动课了。
- 我今天头有点儿疼，恐怕是感冒了。
- 今天要练习很多汉字，我恐怕不能出去玩儿了。

活动与练习 Activities and Exercises

一、选择恰当的词语 Choose the right words

1. 我这个学期选了七门（课程　课堂），你呢？
2. 同学们都很喜欢今天的话剧（表演　表现）。
3. 小叶，这红色的裙子很适合你，（简直　一直）太漂亮了。
4. 大卫的中文不好，所以他（一定　决定）每天多学习一个小时。
5. 这张照片的（后面　背后）有一个伤心的故事。

二、根据课文内容，判断对错 Determine whether the following sentences are right (√) or wrong (×) according to the text

1. 小叶的爷爷最喜欢中国的话剧表演。（　　）
2. 茶道能代表一种中国文化。（　　）
3. 下个学期，小叶的朋友可能就不能上活动课了。（　　）

4. 随着年级的升高，活动课也会越来越多。(　　)

5. 学校每个学期都会举办足球比赛。(　　)

三、课堂讨论 Discuss in the class

你学过什么中国文化课程？学习的过程是怎么样的？学习的成果如何？请和老师、同学们交流交流，并把重要的信息记录下来。

What Chinese culture courses have you studied? What is the learning process like? What are your learning outcomes? Please communicate with your teacher and classmates, and note down the important information.

课文二　你选了什么活动课？
Text 2　What activity class did you choose?

开学第一天，班主任发给我们每人一张表格(biǎo gé)，上面是这学期学校开(kāi)放(fàng)的活动课，有收费(shōu fèi)的也有免费(miǎn fèi)的，让我们回家跟父母(fù mǔ)商量，得到父母同(tóng)意(yì)后每人报(bào)两门。回家后，我告诉爸妈今年想报跟中国文化相关的活动课，他们都很支持(zhī chí)我。爸爸表示中国文化确实非常值得(zhí dé)我们去学习、感受(gǎn shòu)。妈妈认可(rèn kě)爸爸的观点，强调(qiáng diào)说我们现在生活在中国，只有深入(shēn rù)学习中国文化，了解不同文化之间的区别(qū bié)，才能知道如何从内心(nèi xīn)适应这里的生活。于是，我们选了中国美食课和剪纸(jiǎn zhǐ)课。我希望今年春节我可以做几道中国菜，再亲自(qīn zì)剪出漂亮的窗花贴在家里。

词语学习 Word Learning

识写

1	表格	biǎogé	form, table
2	开放	kāifàng	open
3	收费	shōufèi	charge
4	父母	fùmǔ	parent
5	同意	tóngyì	agreement, consent
6	报	bào	sign up (for)
7	支持	zhīchí	support
8	值得	zhí//dé	worth
9	感受	gǎnshòu	feel
10	认可	rènkě	accept, agree
11	强调	qiángdiào	stress
12	深入	shēnrù	deep, in-depth
13	区别	qūbié	difference
14	内心	nèixīn	the bottom of one's heart
15	亲自	qīnzì	in person

识读

1	免费	miǎn//fèi	free (of charge)
2	剪纸	jiǎnzhǐ	paper-cutting

本课语法 Grammar in This Lesson

亲自

- 我希望今年春节我可以做几道中国菜，再亲自剪出漂亮的窗花贴在家里。
- 校长亲自来检查教室卫生。

活动与练习 Activities and Exercises

一、选择恰当的词语填空 Choose the right words to fill in the blanks

支持　　收费　　感受　　深入　　希望　　亲自　　值得

最近，我们学校举办了“爱地球，爱卫生，保护环境”的环保活动。我们每个人都是地球的主人，所以每位同学都非常主动，父母也很________。环保活动有免费的，也有________的。免费的活动是给大家说一说环保知识，然后大家再进行交流。收费的活动是教大家用生活中一些常见的东西做手工，让大家________动手试一试，对环保有更加________的________。我________我们做的所有事情都是________的。

二、用所给词语造句 Make sentences with the words given

1. ____（同意）

2. ____（强调）

3. ____（区别）

4. ____（内心）

5. ____（亲自）

三、课堂讨论 Discuss in the class

你们国家学校的课程安排是怎么样的？除了主要的课程之外，还有哪些好玩儿的课程呢？来到中国后，你觉得中国学校的课程安排怎么样呢？请和老师、同学们交流交流，并把重要的信息记录下来。

What is the curriculum of the school in your country like? Besides the main courses, what other interesting courses do you have? After coming to China, what do you think about the curriculum of the Chinese school? Please communicate with your teacher and classmates, and note down the important information.

你们国家学校的课程 Curriculum of the School in Your Country	中国学校的课程 Curriculum of the Chinese School

第六课　你考得怎么样？
Lesson 6　How Was Your Test?

课文一　世界文化周
Text 1　World Culture Week

星期一，同学们从校车上下来走进漂亮的校园。不一会儿，很多教室就传来早自习的读书声了。每个班级(bān jí)的早自习一般都由班主任老师负责安排任务(rèn wu)：有的班读英语，有的班读古诗，有的班预习新课，有的班收作业……

第二节课下课后是同学们最喜欢的课间操，星期一通常会举行升旗仪式(yí shì)，同学们穿着校服整齐(zhěng qí)地站在操场上。仪式最后，校长宣布(xuān bù)这一周是世界文化周，每个班级都可以开展(kāi zhǎn)自己设计(shè jì)的文化活动，进行班级文化建设(jiàn shè)，接待(jiē dài)全校同学并进行世界文化交流。下午班会时，大家一起热烈讨论了文化活动的内容，老师让我们都积极(jī jí)参加，团结(tuán jié)起来一起推进(tuī jìn)这个活动，进一步(jìn yí bù)完善(wán shàn)活动计划，争取(zhēng qǔ)创造出跟上学期不一样的内容，特别是形式（xíng shì）一定要创新（chuàng xīn）。结束（jié shù）了一整天（zhěng tiān）的学习后，同学们在老师的带领（dài lǐng）下坐上校车开心地回家去了。

词语学习 Word Learning

识写

1	班级	bānjí	class
2	任务	rènwu	task
3	整齐	zhěngqí	neatly, tidily
4	宣布	xuānbù	announce
5	开展	kāizhǎn	start, carry out
6	设计	shèjì	design
7	建设	jiànshè	construction
8	接待	jiēdài	receive
9	积极	jījí	active
10	团结	tuánjié	unite
11	推进	tuījìn	promote
12	进一步	jìnyíbù	(go) further
13	完善	wánshàn	improve
14	争取	zhēngqǔ	fight for
15	形式	xíngshì	form
16	创新	chuàngxīn	innovation
17	结束	jiéshù	end, finish
18	整天	zhěngtiān	whole day
19	带领	dàilǐng	lead

识读

仪式	yíshì	ceremony

活动与练习 Activities and Exercises

一、选择恰当的词语 Choose the right words

1. 今天一（整齐　整天）我都在家里，没有出去。
2. 学校马上会（展开　开展）"世界文化周"的活动。
3. 只要我们（结束　团结）起来，一定可以完成这个任务。
4. 这件衣服的（设计　建设）很特别，我很喜欢。
5. 大枫，老师说你的作业还有些地方需要（完成　完善）一下儿。

二、用所给词语完成句子 Complete the sentences with the words given

1. 这次的中文考试不难，________________________。（争取）
2. ________________________，我们取得了好成绩。（带领）
3. 这个活动________________________。（推进）
4. ________________________，所以我们都很忙。（设计）
5. 通常，________________________。（班级）

三、课堂讨论 Discuss in the class

如果你的学校也要开展"世界文化周"，请问你会设计什么活动呢？活动需要几个人？怎么开展这个活动？请你和同学们讨论讨论，然后把你们的活动计划写下来。

If your school is also going to carry out the "World Culture Week", what activity will you design? How many persons are needed for your activity? How will you carry out your activity? Please discuss with your classmates, and write down your activity plan.

课文二 中文考试
Text 2 Chinese language test

小叶：你们这学期考试多吗？

朋友：其实(qí shí)跟上学期差不多，有单元(dān yuán)测试(cè shì)、期中和期末考试，不过国际生每年还会多一次 HSK 或 YCT 考试。

小叶：今年的中文水平考试你准备得怎么样？你觉得哪部分难度(nán dù)最大？

朋友：我提前准备很长时间了，因为我在学校跟同学交流通常都说中文，而且常收听(shōu tīng)中文节目，所以听力(tīng lì)部分我不怕。目前(mù qián)就是写作(xiě zuò)对我来说还是有点儿困难，错误较(cuò wù jiào)多，需要加强(jiā qiáng)。

小叶：我觉得我现在还是初级(chū jí)水平，最害怕的就是读中文文章(wén zhāng)，我往往不能很完整地理解(lǐ jiě)全部内容，汉字也只认得将近(rèn de jiāng jìn)四百个。

朋友：中文老师一直在指导(zhǐ dǎo)我，还专门(zhuān mén)给我配(pèi)了写作专题(zhuān tí)的练习卷和教材(jiào cái)，很有效(yǒu xiào)，我现在比以前自信多了。

小叶：相信你自己的实力(shí lì)，今年的考级愿望(yuàn wàng)一定能够实现。

朋友：谢谢你，也希望你能取得进步(jìn bù)，通过后我们一起庆祝！

词语学习 Word Learning

识写

1	其实	qíshí	actually
2	单元	dānyuán	unit
3	难度	nándù	difficulty
4	收听	shōutīng	listen to
5	听力	tīnglì	listening
6	目前	mùqián	at present
7	写作	xiězuò	writing
8	错误	cuòwù	mistake
9	较	jiào	fairly, quite
10	加强	jiāqiáng	enhance, strengthen
11	初级	chūjí	elementary, primary
12	文章	wénzhāng	article
13	理解	lǐjiě	understand
14	认得	rènde	know, recognize
15	将近	jiāngjìn	nearly, almost
16	指导	zhǐdǎo	guide
17	专门	zhuānmén	specially
18	配	pèi	outfit
19	专题	zhuāntí	special subject / topic
20	教材	jiàocái	textbook
21	有效	yǒuxiào	effective
22	实力	shílì	strength

23 愿望 yuànwàng wish

24 进步 jìnbù progress

识读

测试 cèshì test

活动与练习 Activities and Exercises

一、选择恰当的词语 Choose the right words

1. 关于这个（专门 专题）的内容，昨天老师还（专门 专题）讲过。
2. 在刘老师的（指导 手指）下，我通过了这次中文考试。
3. 我学了两年的中文了，书上的汉字我能（认出 认得）很多了。
4. 马上就要期末考试了，我最近在（加油 加强）中文听力方面的练习。
5. 这个（单元 课文）我们将会学习到四篇关于季节的（单元 课文）。

二、用所给词语完成句子 Complete the sentences with the words given

1. ________________，我们都很喜欢。（文章）
2. 弟弟今年已经10岁了，________________。（将近）
3. 我买了一本学习中文的书，________________。（配）
4. ________________，我的头不疼了。（有效）
5. 大枫一直都很努力，________________。（实力）

三、课堂讨论 Discuss in the class

英子是一位来自日本的中文学习者，她学习中文两年了，最近遇到了一些问题：(1) 有些汉字学过，但是很快就忘记怎么读了；(2) 考试的时候容易紧张，有些汉字总是想不起来怎么写。这两个问题，你遇到过吗？你有什么好的解决办法吗？请写下来。

Eiko is a Chinese learner from Japan, and she has been studying Chinese for two years. Recently, she has encountered some problems: (1) She often forgets the pronunciations of some Chinese characters she has learned; (2) She easily gets nervous during exams, and can't remember how to write some Chinese characters. Have you ever encountered these two problems? Do you have any good solutions? Please write them down.

翻译及表达练习
Exercises on Translation and Expressions

一、将下列文章翻译成中文 Translate the following essay into Chinese

My school life

I study at an international school in China. We have various courses, including the Chinese language course and the courses taught in English. We have compulsory courses like English, math and PE and optional courses such as science, movie, music and dance, etc.

My school also has many activity classes like tea ceremony, drama, paper-cutting, cooking, etc. I like the classes related to Chinese culture, so I chose the paper-cutting class. I also took part in many other Chinese cultural activities like Chinese poetry reading, Chinese food cooking, Chinese calligraphy and so on.

I love my school life. Every day I learn new things and have a lot of fun with my friends.

二、口语表达 Oral expression

你的学校生活是怎样的呢？你选择了哪些课程？参加了哪些课外活动？和同学们分享一下儿你的学校和你的校园生活故事吧。

What is your school life like? What courses have you chosen? What after-class activities have you taken part in? Share the stories of your school and school life with your classmates.

中国古诗
Classical Chinese Poem

yǒng liǔ
咏柳

táng hè zhī zhāng
［唐］贺知章

bì yù zhuāng chéng yí shù gāo
碧 玉 妆 成 一 树 高，
wàn tiáo chuí xià lǜ sī tāo
万 条 垂 下 绿 丝 绦。
bù zhī xì yè shéi cái chū
不 知 细 叶 谁 裁 出，
èr yuè chūn fēng sì jiǎn dāo
二 月 春 风 似 剪 刀。

在教师的指导下，背诵这首诗。
Recite this poem under the teacher's instruction.

第四单元

Unit 4

chuán tǒng wén huà gù shi

传统文化故事

Stories of Traditional Culture

第七课　守株待兔和愚公移山

Lesson 7　Waiting for Rabbits by a Tree Stump and Yu Gong Removed Mountains

课文一　守株待兔

Text 1　Waiting for rabbits by a tree stump

古代有个农民(nóngmín)，他有一片田地，田地旁边有一个木头(mù tou)桩子。一天，他正在地里干活儿，忽然看见一只(zhī)兔子快速跑过来，正好撞(zhuàng)在那个木头桩子上，脖子撞断(duàn)了。农夫飞快地跑过去，把兔子提起来，高兴地说：“太好了，回去可以吃上一顿了。”他提着兔子，一边往家走一边乐(lè)：“我真幸运，如果我每天都在这儿捡(jiǎn)到一只兔子，那我就不用这么累了。”

自从那天起，他到了地里一点儿活儿也不干，一直守(yì zhí shǒu)着那个木头桩子，等着兔子撞上来。虽然等了一天什么也没等到，但他不死心，下定决心(jué xīn)一定要等到兔子。于是，他天天坐在那儿，长期守着那个木头桩子，完全失去(shī qù)了干活儿的动力(dòng lì)和对生活的积极性(jī jí xìng)，他把命运(mìng yùn)完全交给了自认为会连续(lián xù)撞上桩子的兔子。

他就一直保持等待的状态，始终(shǐ zhōng)认识不到兔子撞上桩子只是个意外(yì wài)。等到地里的草都长高了，这个农民也没看见任何兔子再撞上来，他的生存(shēng cún)都成了问题。显然(xiǎn rán)，现实(xiàn shí)跟他想的完全不一样，但他的思想直到最后仍然没有发生任何转变(zhuǎn biàn)。

词语学习 Word Learning

识写

1	农民	nóngmín	farmer
2	木头	mùtou	wood
3	只	zhī	*a measure word*
4	断	duàn	break
5	乐	lè	happy
6	一直	yìzhí	always
7	决心	juéxīn	determination
8	失去	shīqù	lose
9	动力	dònglì	motivation
10	积极性	jījíxìng	enthusiasm

11	命运	mìngyùn	fate
12	连续	liánxù	in succession
13	始终	shǐzhōng	always, all the time
14	意外	yìwài	accident
15	生存	shēngcún	survive
16	显然	xiǎnrán	obviously
17	现实	xiànshí	reality
18	转变	zhuǎnbiàn	change

识读

1	撞	zhuàng	bump against
2	捡	jiǎn	pick (up)
3	守	shǒu	be by the side of

活动与练习 Activities and Exercises

一、选择恰当的词语 Choose the right words

1. 我的爸爸是一名（农村　农民　农业），在（农村　农民　农业）从事（农村　农民　农业）生产的工作，每天都很辛苦。

2. 大卫（从来　自从　来自）美国北部的一个小城市，（从来　自从　来自）来到中国起，他就在努力学习中文，现在有了很大的进步。

3. 这次期中考试我一定会拿出我的（动力　动物　实力），得到第一名就是我的（动力　动物　实力）。

4. 奶奶说她刚来北京的时候没有钱，连（生存　生活　生产）下去都成问题，而现在她已经在北京（生存　生活　生产）了三十年了。

5.（显然　仍然　然后）他已经知道自己做错了，但是他（显然　仍然　然后）没有做出任何改变。

二、根据课文内容，判断对错 Determine whether the following sentences are right (√) or wrong (×) according to the text

1. 这个农民在看到兔子前，正在地里干活儿。（　）
2. 那只兔子撞到木头桩子后，又快速地跑走了。（　）
3. 农民希望每天都能吃到一只兔子。（　）
4. 农民每天都一边干活儿一边等待兔子的到来。（　）
5. 后来，这个农民养了很多兔子。（　）

三、回答下列问题 Answer the following questions

1. 这个农民为什么会捡到兔子？
2. 为什么这个农民的运气后来不好了？
3. 如果你是这个农民，你会一直等兔子来吗？

请和同学们交流、讨论，并把重要内容写下来。

____

____

____

____

____

____

____

课文二　愚公移山
Text 2　Yu Gong removed mountains

传说很久以前，在河阳(hé yáng)的北面有两座大山，又高又大。

在山的北面住着一位叫愚公(yú gōng)的老人，年纪(nián jì)在九十岁左右(zuǒ yòu)。他家的大门正对着这两座大山，出门很不方便。愚公下定决心要把这两座大山移(yí)走。

有一天，他叫齐(qí)了全家老小一起谈话(tán huà)，并谈(tán)了他的想法：“这两座大山挡(dǎng)住了我们家的路，咱们大家一起努力，把山推开(tuī kāi)，开出一条大路，你们看怎么样？”

大家都很支持，只有他的妻子(qī zi)提问(tí wèn)说：“移出来的那些石头、土(tǔ)和沙子(shā zi)往哪里放呢？”愚公回答说：“这好办，把土、沙子和石块搬(bān)到大海边上就行了！再多也有地方放。”

第二天天刚亮，愚公就带领全家老小开始干活儿，一年四季都很少回家休息。黄河边上住着一个老人，年纪大概(dà gài)和愚公一样大，觉得他们很奇怪(qí guài)，就去问愚公：“你这个人可真有意思，我们都这么大岁数了，还能活(huó)几天？我不理解，为什么你要坚持(jiān chí)做这件事呢？”

愚公说：“不错，我是老了。可是，我死了还有儿子，儿子死了还有孙子(sūn zi)，孙子又生儿子，确保(què bǎo)可以一直有人做这件事，而这两座山却不会再长，每一代都下功夫，终有一天可以达到目标(mù biāo)。”听了这些话，那个老人也无话可说了。

山神知道了这件事，就去向天帝报告(bào gào)了这个情况。天帝被这件事和这个人感动了，他就派(pài)了两个神仙把这两座大山背走了。

词语学习 Word Learning

识写

1	年纪	niánjì	age
2	左右	zuǒyòu	about, around
3	齐	qí	all present
4	谈话	tán//huà	have a talk
5	谈	tán	talk
6	推开	tuīkāi	push away
7	提问	tíwèn	ask
8	土	tǔ	soil

9	沙子	shāzi	sand
10	搬	bān	move
11	大概	dàgài	probably
12	奇怪	qíguài	strange
13	活	huó	live
14	坚持	jiānchí	persist
15	确保	quèbǎo	ensure
16	目标	mùbiāo	target, goal
17	报告	bàogào	report
18	派	pài	dispatch

识读

1	移	yí	remove
2	挡	dǎng	block
3	妻子	qīzi	wife
4	孙子	sūnzi	(paternal) grandson

专有名词

1	河阳	Héyáng	name of a place
2	愚公	Yúgōng	name of a person

本课语法 Grammar in This Lesson

左右 / 前后

- 在山的北面住着一位叫愚公的老人，年纪在九十岁左右。
- 我每天八点左右起床。
- 我们一般在春节前后放假。

咱们

- 咱们大家一起努力。
- 明天星期天，咱们去看电影吧！
- 咱们去上海的飞机票买好了吗？

大概 / 大约 / 几

- 黄河边上住着一个老人，年纪大概和愚公一样大。
- 爸爸的手机大概 2000 元。
- 这场会议大约有 300 人参加。
- 这几本书都很好看。

活动与练习 Activities and Exercises

一、选择恰当的词语 Choose the right words

1. 我们要走了，（我们　咱们）说再见吧！

2. 这个男人看上去（年级　年纪）不大，但会很多东西。

3. 为了（确实　确保　确定）大家上学路上的安全，老师想了很多办法。

4. 从现在开始，每个人都可以有一次（提问　问题）的机会。

5. 我们现在的（目标　目的）就是期中考试取得一个好成绩。

二、根据课文内容，判断对错 Determine whether the following sentences are right (√) or wrong (×) according to the text

1. 愚公认为自己还很年轻，可以移走家门口的两座大山。（　　）
2. 愚公的妻子不支持移走大山。（　　）
3. 愚公一家干活儿很努力，一年四季很少休息。（　　）
4. 黄河边上的老人也来帮愚公一家一起移山。（　　）
5. 山神知道了愚公移山的事情后很生气。（　　）

三、回答下列问题 Answer the following questions

1. 如果你是愚公，面对家门口的两座大山，你会怎么做？
2. 问一下儿你身边的朋友对愚公移山这件事怎么看。

请和同学们交流、讨论，并把重要内容写下来。

第八课　仓颉造字和木兰从军

Lesson 8　Cang Jie Created Characters and Mulan Joined the Army

课文一　仓颉造字

Text 1　Cang Jie created characters

古代有一个很聪明的人叫仓颉(cāng jié)，传说他有两双眼睛。他当初(dāng chū)的工作是记录(jì lù)大家养的动物和保存的食物的数量(shù liàng)。一开始，他很快就能记住所有数目，但由于动物和食物的数量一直在变化，当时又没有纸和笔，光靠头脑(tóu nǎo)记录难度很大。仓颉整(zhěng)日整夜地想办法，先是在绳子（shéng zi）上打结（jié），用各种不同颜色的绳子表示各种不同的动物、食物，用绳结的个数代表数量。因为这种方法在数量变少时不好处理（chǔ lǐ），所以仓颉又想到了在绳子上挂（guà）不同的贝壳（bèi ké），这个方法很有效，一直用了好几年。

因为仓颉能力（néng lì）强、本领（běn lǐng）大，所以他管理的东西越来越多，贝壳已经不能满足他的需求了。仓颉决定发明一些符号（fú hào），用这些符号代表他管理的各种东西。他到处观察（guān chá），观察地上山川的样子、鸟兽虫鱼的形状，并初步（chū bù）创造出很多不同的符号，然后不断进行加工（jiā gōng）、补充（bǔ chōng）和完善，最后定下了每个符号代表的意义，用简单的符号表达了复杂（fù zá）的意思和概念（gài niàn）。他把发明的符号连起来拿给别人看，别人基本都能明白他想表达的意思。他将这些符号称为（chēng wéi）字。后来，这些符号的用法慢慢推广（tuī guǎng）开来，这使（shǐ）人们积累（jī lěi）的经验（jīng yàn）都能被记录下来并传下去。

词语学习　Word Learning

识写

1	当初	dāngchū	the beginning (of an event, incident, etc.)
2	记录	jìlù	record
3	数量	shùliàng	quantity
4	头脑	tóunǎo	brains

5	整	zhěng	whole
6	处理	chǔlǐ	handle
7	挂	guà	hang
8	能力	nénglì	competence, ability
9	本领	běnlǐng	skill
10	观察	guānchá	observe
11	初步	chūbù	preliminary
12	加工	jiāgōng	process
13	补充	bǔchōng	complement
14	复杂	fùzá	complicated
15	概念	gàiniàn	concept
16	称为	chēngwéi	be called
17	推广	tuīguǎng	spread, popularize
18	使	shǐ	make
19	经验	jīngyàn	experience

识读

1	绳子	shéngzi	rope, string
2	结	jié	knot
3	贝壳	bèiké	shell
4	符号	fúhào	symbol
5	积累	jīlěi	accumulate

专有名词

仓颉	Cāng Jié	name of a person in an ancient Chinese legend

活动与练习　Activities and Exercises

一、选择恰当的词语 Choose the right words

1. 大枫很聪明，他只看一遍就记住了那18个（数字　数量）。
2. 这座山很高，想要爬到最高处的（困难　难度）很大。
3. 只要我们多（警察　观察）身边的人，就会发现很多温暖的事情。
4. 我们的书受不受欢迎，就要看你怎么去（推广　广告）了。
5. 爷爷的记性很好，三十年前发生的事情他都还（记录　记得）。

二、用所给词语完成句子 Complete the sentences with the words given

1. ____________________，现在都不一样了。（当初）
2. 他很聪明，____________________。（处理）
3. 他从小就____________________。（本领）
4. ____________________，妈妈喜欢简单一点儿的。（复杂）
5. 弟弟养了一只小狗，____________________。（称为）

三、说一说，画一画 Talk and draw

根据课文内容，请你画出或写出仓颉造字的过程，并说说在这个过程中你学到了什么。

Please draw or write Cang Jie's character creation process based on the text, then talk about what you have learned from the story.

课文二 木兰从军
Text 2 Mulan joined the army

古时候，有一个姑娘（gū niang）叫（jiào）木兰（mù lán）。她从小爱好习武，聪明又勇敢。

一天，木兰接到了村里的通知：现在国家有危险，每家需要派出一名男子（nán zi）从军（cóng jūn），保护国家安全，儿子可以代父亲（dài fù qīn）从军。

木兰回到家，心里很痛苦（tòng kǔ）。一方面，她想到父亲年纪已大，身体也不好，家里又没儿子可以代他从军；另一方面，国家现在面临（miàn lín）着很大的困难，保护国家是每一个人的责任（zé rèn）。木兰的父亲本来已经做好了报到（bào dào）的准备，可木兰却告诉父亲她要女扮（bàn）男装代他前往（qián wǎng），并展示（zhǎn shì）了这些年学到的武术（wǔ shù）。看见她的决心和本领后，父亲同意了。

这一走就是十二年，这段时间里强大（qiáng dà）的木兰取得了数不清的胜利（shèng lì）和成就（chéng jiù），没有人认出（rèn chū）她是女孩儿。有一次木兰受伤（shòu shāng）了，将军（jiāng jūn）来看她，提出想让自己的女儿和她结婚（jié hūn），木兰只好说自己想回家养伤。木兰回到家乡（jiā xiāng），百姓热烈欢迎，家人都出来迎接。她换上自己原来的衣服，又过上了平静的生活。

一天，将军又来到她家说起让木兰和她女儿结婚的事。父亲只好让木兰去说明真实(zhēn shí)情况。木兰穿着裙子(qún zi)说："以前国家有危险，我才代父从军，不为了钱也不为了名。现在国家安全了，我仍(réng)愿意过我原来的生活。"将军听了后，从内心觉得她是一个非常伟大的人！

词语学习 Word Learning

识写

1	姑娘	gūniang	girl
2	叫	jiào	name, call
3	男子	nánzi	man
4	代	dài	substitute
5	父亲	fùqīn	father
6	痛苦	tòngkǔ	painful
7	责任	zérèn	responsibility
8	报到	bào//dào	report for duty, register
9	前往	qiánwǎng	head for
10	武术	wǔshù	martial art
11	强大	qiángdà	powerful, strong
12	胜利	shènglì	victory
13	成就	chéngjiù	achievement
14	认出	rènchū	recognize
15	受伤	shòu//shāng	injured
16	结婚	jié//hūn	marry
17	家乡	jiāxiāng	hometown
18	真实	zhēnshí	real
19	裙子	qúnzi	skirt
20	仍	réng	still

识读

1. 从军 cóngjūn join the army
2. 面临 miànlín face
3. 扮 bàn disguise, dress up as
4. 展示 zhǎnshì show, demonstrate
5. 将军 jiāngjūn general

专有名词

木兰 Mùlán name of a person

活动与练习 Activities and Exercises

一、选择恰当的词语填空 Choose the right words to fill in the blanks

武术　责任　危险　伟大　成就　痛苦　勇敢

1. 在国家有________的时候，我们应该去保护它，因为这是每个人的________。

2. 经历了________，木兰最后取得了________的________，一切都是值得的。

3. 大卫很喜欢中国________，他认为会武功的人都是________的人。

二、用所给词语完成句子 Complete the sentences with the words given

1. 大卫离开中国两年了，________________________。（认出）

2. 只有所有人一起努力，____________________。（胜利）

3. 爸爸以前是一名军人，____________________。（强大）

4. ____________________，那里的水果很便宜。（家乡）

5. 今天是姐姐结婚的日子，____________________。（热烈）

三、课堂讨论 Discuss in the class

在你的国家有哪些伟大的人物？这些伟大的人做了什么事情？请你和老师、同学们交流交流，并把重要的信息记录下来。

What are the great people in your country? What did these great people do? Please communicate with your teacher and classmates, and note down the important information.

翻译及表达练习
Exercises on Translation and Expressions

一、选择正确的中文翻译 Choose the correct Chinese translation

1. He made up his mind to get the first place in the next exam.
2. Since he keeps doing exercises, his state of mind has become better and better.
3. He is full of learning motivation.
4. Can you guess how old he is? About 30 years old.
5. We can effectively address these issues using our experience.

a. 我们可以用我们的经验有效地处理这些问题。
b. 他学习充满了动力。
c. 你能猜出他多大年纪吗？大概 30 岁左右。
d. 自从他坚持运动后，他的精神状态越来越好了。
e. 他下定决心要在下次考试中取得第一名。

1.(　　)　2.(　　)　3.(　　)　4.(　　)　5.(　　)

二、翻译画线部分 Translate the underlined parts

例 It is known as <u>Chinese Kung Fu</u>. <u>中国功夫</u>

1. We aim at improving quality rather than <u>increasing quantity</u>.

____

2. The computer can keep our learning records.

____

3. I need to report to school on September 3rd.

____

4. When we encounter difficulties in our studies, we should actively ask our teachers instead of remaining silent.

____

5. She showed great courage when facing danger.

____

中国古诗
Classical Chinese Poem

fú róng lóu sòng xīn jiàn
芙蓉楼送辛渐

táng wáng chāng líng
［唐］王昌龄

hán yǔ lián jiāng yè rù wú
寒雨连江夜入吴，
píng míng sòng kè chǔ shān gū
平明送客楚山孤。
luò yáng qīn yǒu rú xiāng wèn
洛阳亲友如相问，
yí piàn bīng xīn zài yù hú
一片冰心在玉壶。

在教师的指导下，背诵这首诗。
Recite this poem under the teacher's instruction.

第五单元
Unit 5

yì shù yǔ wén huà gù shi

艺术与文化故事

Stories of Art and Culture

第九课 琴棋

Lesson 9 *Guqin* and Game of Go

课文一 知音 Text 1 Bosom friend

古时候，伯牙(bó yá)划船(huá chuán)去外面游玩(yóu wán)，划到一座高山旁边时被突然下起的大雨困(kùn)住了，船只好靠在山边等雨停。伯牙听着雨声，看着雨拍(pāi)打着水面，心情很好，就弹起琴(qín)来。这动人(dòng rén)的琴声正好被路过的子期(zi qī)听见，他连连叫好，成了伯牙的听众(tīng zhòng)。伯牙感谢子期后，就继续弹。伯牙心里想着高山弹琴时，子期就说："听到这琴声，就像一座高山出现在我面前！"伯牙心里想着流水弹琴时，子期就说："这琴声像江河一样充满力量(lì liàng)！"伯牙发现子期对他琴声的理解已经达到(dá dào)了这种程度(chéng dù)，激动(jī dòng)地对子期说："你不仅(bù jǐn)懂得我的音乐，还懂得我的心(xīn)，你就是我的知音啊！"于是，两个人约(yuē)好下次见面的时间，并慢慢成为好朋友。

后来，子期生病去世了。伯牙很伤心(shāng xīn)，来到子期的墓(mù)前弹琴纪念他。弹完后，伯牙站起来将自己的那把(bǎ)琴砸(zá)破(pò)了。从此，伯牙再也不弹琴了。他知道，这个世界上除了子期再没有人能听懂他的琴声了，懂他的人消失(xiāo shī)了，他再弹琴就没意义了。

词语学习 Word Learning

识写

1	划船	huáchuán	row a boat
2	困	kùn	be trapped
3	拍	pāi	slap
4	动人	dòngrén	touching
5	听众	tīngzhòng	audience
6	力量	lìliàng	strength
7	达到	dádào	reach
8	程度	chéngdù	degree
9	不仅	bùjǐn	not only
10	心	xīn	heart
11	约	yuē	make an appointment
12	伤心	shāng//xīn	heartbroken
13	把	bǎ	*a measure word*
14	破	pò	break
15	消失	xiāoshī	disappear

识读

1	游玩	yóuwán	go sightseeing
2	琴	qín	*guqin* (a traditional Chinese musical instrument)
3	激动	jīdòng	excited
4	墓	mù	tomb
5	砸	zá	smash

专有名词

1	伯牙	Bóyá	name of a person
2	子期	Zǐqī	name of a person

本课语法 Grammar in This Lesson

就

- 伯牙心情很好，就弹起琴来。
- 老师今天很高兴，就让我们去操场活动了。
- 外面下雨了，大枫就留在了家里。
- 好朋友没在家，小叶就先走了。

活动与练习 Activities and Exercises

一、为“就”选择适当的位置 Choose the right places for “就”

1. 爸爸刚刚 A 吃了 B 两个苹果，现在 C 只有 D 一个了。
2. 我 A 没有看错，昨天 B 在超市 C 买西瓜的 D 是大枫妈妈。

3. 伯牙 A 很 B 伤心，C 把琴 D 砸破了。

4. 我 A 才刚到家 B 没一会儿，C 外面 D 下雨了。

5. 你放心 A 去吧！我 B 在这里 C 等你 D 回来。

二、用所给词语完成句子 Complete the sentences with the words given

1. 今天的天气很好，________________________________。（划船）

2. ________________________________，已经很久没有这种感觉了。（动人）

3. ________________________________，真是太棒了！（力量）

4. 小叶这段时间特别努力，________________________________。（程度）

5. 我喜欢这部电影，________________________________。（伤心）

三、课堂讨论 Discuss in the class

你认为什么是知音？好朋友和知音一样吗？你找到你的知音了吗？请和老师、同学们一起说一说，并把重要的内容记录下来。

What do you think is a bosom friend? Is a good friend the same as a bosom friend? Have you found your bosom friend? Please communicate with your teacher and classmates, and note down the important information.

____

____

____

____

____

____

课文二　杨靖智胜老猴
Text 2　Yang Jing outwitted the old monkey

从前，有两位神仙(shén xiān)在山里下棋(xià qí)。有只老猴子天天在树上偷看，看着看着，这只猴子早已(zǎo yǐ)变成了一个下棋高手(gāo shǒu)。当地人听说后，都跑去看神仙下棋，但神仙已经走了。于是，猴子就过来和人们下棋，所有人都下不过它。大家觉得这只猴子太神奇(shén qí)了，就把它献给了皇帝(huáng dì)。

皇帝听说有这么一只会下棋的猴子，就集(jí)齐了所有受过专业训练(zhuān yè xùn liàn)的下棋高手来跟它比赛。结果谁也赢(yíng)不了它，猴子的本事(běn shi)实在是太大了。皇帝很生气，说："谁要是(yào shi)能赢了这只猴子，就有重赏(zhòng shǎng)。"后来有人说，有个叫杨靖(yáng jìng)的人下棋特别厉害。但那时他正在牢(láo)里，皇帝一听，赶紧下令(xià lìng)把杨靖放出来。

杨靖来了以后，他让手下拿了一个装满桃子(táo zi)的盘子放在猴子面前。猴子一看到桃子，明显就静(jìng)不下来了，心思全乱(luàn)了，总(zǒng)想着吃桃子的事。比赛持续(chí xù)了大约(dà yuē)三小时，杨靖最终胜利了！

同学们，你们知道老猴到底输在哪儿吗？客观(kè guān)地说，难道(nán dào)真的是下棋技术(jì shù)不如杨靖吗？

词语学习 Word Learning

识写

1	早已	zǎoyǐ	long since, already
2	专业	zhuānyè	professional
3	训练	xùnliàn	training
4	赢	yíng	win
5	本事	běnshi	skill
6	要是	yàoshi	if
7	静	jìng	calm
8	乱	luàn	in a turmoil, disturbed
9	总	zǒng	always
10	持续	chíxù	continue
11	大约	dàyuē	about, approximately
12	客观	kèguān	objective
13	难道	nándào	Could it be that...?
14	技术	jìshù	technique

识读

1	神仙	shénxiān	celestial being
2	下棋	xià qí	play chess
3	高手	gāoshǒu	master-hand, expert
4	神奇	shénqí	magical
5	皇帝	huángdì	emperor
6	集	jí	convene, gather
7	重赏	zhòngshǎng	bounteous rewards
8	牢	láo	jail
9	下令	xià//lìng	order
10	桃子	táozi	peach

专有名词

杨靖	Yáng Jìng	name of a person

本课语法　Grammar in This Lesson

要是……，就……

- 谁要是能赢了这只猴子，就有重赏。
- 要是不开心，我就会约好朋友出去玩儿。
- 要是你明天有空儿，就和我们一起去爬长城吧。

难道……吗

- 难道真的是下棋技术不如杨靖吗？
- 你来中国这么久了，难道还没去过北京吗？
- 老师的字这么大，难道大家还看不清楚吗？

活动与练习 Activities and Exercises

一、用所学语法点造句 Make sentences with the grammar learned

1. 要是……，就……

例 你要是想去超市，那就去。

__________要是________________，就____________________________。

要是__________________________，就____________________________。

2. 难道……吗

例 明天是星期一，难道你不用去上学吗？

___________________，难道__________________________________吗？

___________________，难道__________________________________吗？

二、根据课文内容，判断对错 Determine whether the following sentences are right (√) or wrong (×) according to the text

1. 这只老猴以前在山上经常和神仙一起下棋。（　　）
2. 杨靖和老猴一样特别爱吃桃子。（　　）
3. 很多经过专业训练的下棋高手都输给了老猴。（　　）
4. 杨靖利用老猴喜欢吃桃子的特点取得了胜利。（　　）
5. 杨靖最后将会得到皇上的重赏。（　　）

三、课堂讨论 Discuss in the class

你们国家有什么关于动物的传说？大家最喜欢的动物是什么？为什么？请和老师、同学们讨论讨论，并把重要的信息记录下来。

What are the legends about animals in your country? What is everyone's favorite animal? Why? Please discuss with your teacher and classmates, and note down the important information.

第十课　书画
Lesson 10　Calligraphy and Painting

课文一　竹扇题字
Text 1　Inscriptions on bamboo fans

王羲之(wáng xī zhī)是中国古代有名的书法(shū fǎ)家。据说有一次，他散步(sàn bù)时从一座桥(qiáo)上经过，正巧(qiǎo)看见前面有一个老婆婆拿了一篮子的竹扇在人群(rén qún)中叫卖。扇子(shàn zi)是用白纸做的，很简单，没有多少人注意。王羲之看到这种情况，很想帮助那位老婆婆，就上去(shàng qu)跟她说："你这竹扇上没画没字，当然卖不出去。我给你写上字，怎么样？"

老婆婆不认识王羲之，见他这样好心，就把竹扇交给他。王羲之拿起笔来，在每把扇面上写了五个字，然后还给老婆婆。老婆婆不识字，也体会(tǐ huì)不到字的美(měi)，就觉得那几个字写得一点儿也不整齐，害怕会卖不出去。王羲之告诉她说：“别急，你告诉买扇的人，这上面是王羲之写的字，来买你扇子的人有的是(yǒu de shì)。”

说完，王羲之就离开了。老婆婆照(zhào)他的话去做了宣传(xuān chuán)，这个消息(xiāo xi)传播(chuán bō)得很快。大家一看王羲之的作品(zuò pǐn)就在眼前(yǎn qián)，都争着来买，竹扇很快就卖完了。只有(zhǐ yǒu)老婆婆可能始终都不知道她卖的扇子到底值(zhí)多少钱。

词语学习　Word Learning

识写

1	散步	sàn//bù	go for a walk
2	桥	qiáo	bridge
3	巧	qiǎo	happen to
4	人群	rénqún	crowd
5	上去	shàngqu	go toward
6	体会	tǐhuì	experience, realize
7	美	měi	beauty
8	有的是	yǒudeshì	many
9	照	zhào	according to
10	宣传	xuānchuán	advertising

11 消息 xiāoxi message

12 传播 chuánbō spread

13 作品 zuòpǐn works

14 眼前 yǎnqián before one's eyes

15 只有 zhǐyǒu only

16 值 zhí worth

识读

1 书法 shūfǎ calligraphy

2 扇子 shànzi fan

专有名词

王羲之 Wáng Xīzhī name of a calligrapher

活动与练习 Activities and Exercises

一、选择恰当的词语填空 Choose the right words to fill in the blanks

始终	情况	人群	传播	体会

1. 他得第一名的消息一下子就在学校里________开来。

2. 中国的茶就是要慢慢喝才能________到真正的味道。

3. 虽然我已经回到法国两年了，但是我________忘不了北京烤鸭的味道。

4. 在知道了所有的________后，大枫主动和小叶说了对不起。

5. 看到了吗？________里那个穿着红色裙子的就是我姐姐。

二、用所给词语完成句子 Complete the sentences with the words given

1. 大卫每天都要写一个小时的汉字，________________。（整齐）
2. ________________，扇子变得很受欢迎。（宣传）
3. 自从弟弟养了一只小狗之后，________________。（散步）
4. ________________，他感到很难过。（消息）
5. 你不去就不去，________________。（有的是）

三、回答下列问题 Answer the following questions

1. 老婆婆做的扇子一开始为什么没人买？
2. 你觉得王羲之是一个什么样的人？
3. 你在学写汉字的过程中遇到过什么困难？

请和同学们交流、讨论，并把重要内容写下来。

____

____

____

____

____

____

____

课文二 齐白石画虾
Text 2 Qi Baishi painted shrimps

qí bái shí yōu shì
齐白石是中国有名的画家，画花鸟鱼虫是他的优势。他最喜欢画的要数虾(xiā)了，齐白石能画出虾最真实的样子，是因为他从小就很爱观察水中自由游动的小虾。慢慢地，虾在他心里留下了十分深刻的印象。他不断(bú duàn)练习画虾，反复(fǎn fù)修改直到满意。因此，他画的虾生动(shēng dòng)形象，相当(xiāng dāng)有名。

大家都很喜欢他画的虾，来求画的人早晚不断，实在太多了。于是，齐白石想了个办法，告诉大家："白石画虾，十元一只。"一天，一个人带着四十五元钱来求画，要求齐白石画五只虾。

很快，四只虾画好了。然后，齐白石在画纸的右上角又加了一只，但是这只虾只有半个身子，从表面(biǎo miàn)看一共四只半虾。那个人开玩笑说：

"白石老人真是小气(xiǎo qi)，多画半只虾也不行。"齐白石指(zhǐ)着画说："纸上不是四只半虾，也不是五只虾，事实上(shì shí shang)是一群(qún)虾。后面(hòu miàn)的虾正跟着那半个身子的虾游过来呢。"

词语学习　Word Learning

识写

1	优势	yōushì	advantage
2	不断	búduàn	continuous
3	反复	fǎnfù	repeatedly
4	生动	shēngdòng	vivid, lively
5	相当	xiāngdāng	quite, very
6	表面	biǎomiàn	superficial
7	指	zhǐ	point
8	事实上	shìshíshang	actually, in fact
9	群	qún	group
10	后面	hòumiàn	behind

识读

1	虾	xiā	shrimp
2	小气	xiǎoqi	stingy

专有名词

齐白石	Qí Báishí	name of a painter

活动与练习 Activities and Exercises

一、选择恰当的词语填空 Choose the right words to fill in the blanks

优势	深刻	不断	反复	事实上

1. 只有在一个地方真正地生活过，才能有最________的感受。
2. 她认为已经取得了成功，________真正的困难才刚刚开始。
3. 我会说四个国家的语言，这是我最大的________。
4. 大枫的口语表达能力很好，这是他________努力的结果。
5. 这本书真的太好看了，妹妹今天晚上________看了好几遍。

二、用所给词语完成句子 Complete the sentences with the words given

1. 为了________________，________________________。（印象）
2. 今天的作业是________________________________。（修改）
3. 齐白石先生________________________________。（形象）
4. ________________________________，妈妈也变得开心了。（相当）
5. ________________________________，可事实上不是这样。（表面）

三、回答下列问题 Answer the following questions

1. 齐白石最后画了几只虾？
2. 齐白石是一个小气的人吗？

3. 你还知道其他有名的中国画家吗？

请和同学们交流、讨论，并把重要内容写下来。

翻译及表达练习
Exercises on Translation and Expressions

一、翻译下列英语单词 Translate the following English words

1. continuous (   )
2. emotion (   )
3. heartbroken (   )
4. victory (   )
5. message (   )
6. obvious (   )
7. situation (   )
8. observe (   )
9. profound (   )
10. impression (   )

二、翻译并回答下列问题 Translate and answer the following questions

1. What is the relationship between Boya and Ziqi?
2. What is Wang Xizhi good at?
3. What is Qi Baishi good at?

三、口语表达 Oral expression

你对中国文化、艺术感兴趣吗？你还知道中国哪些有名的艺术家？你最喜欢哪些中国文化？

Are you interested in Chinese culture and art? Do you know any other Chinese artists? What is your favorite Chinese culture?

中国古诗
Classical Chinese Poem

xiǎo chí
小 池

sòng yáng wàn lǐ
［宋］杨 万 里

quán yǎn wú shēng xī xì liú
泉 眼 无 声 惜 细 流，
shù yīn zhào shuǐ ài qíng róu
树 阴 照 水 爱 晴 柔。
xiǎo hé cái lù jiān jiān jiǎo
小 荷 才 露 尖 尖 角，
zǎo yǒu qīng tíng lì shàng tóu
早 有 蜻 蜓 立 上 头。

在教师的指导下，背诵这首诗。
Recite this poem under the teacher's instruction.

词汇表（识写）

A

按照	ànzhào	according to, as	4

B

把	bǎ	*a measure word*	9
班级	bānjí	class	6
搬	bān	move	7
保护	bǎohù	protect	2
保留	bǎoliú	keep, retain	1
报	bào	sign up (for)	5
报到	bào//dào	report for duty, register	8
报告	bàogào	report	7
背	bēi	carry on the back	4
背	bèi	back	4
背后	bèihòu	behind	5
本来	běnlái	originally	4
本领	běnlǐng	skill	8
本事	běnshi	skill	9
比赛	bǐsài	competition	4
必然	bìrán	inevitable	3
变化	biànhuà	change	3
表达	biǎodá	express	1
表格	biǎogé	form, table	5

表面	biǎomiàn	superficial	10
表演	biǎoyǎn	perform	5
不断	búduàn	continuous	10
补充	bǔchōng	complement	8
不光	bùguāng	not only	5
不仅	bùjǐn	not only	9

C

采用	cǎiyòng	adopt, use	1
彩色	cǎisè	coloured, colourful	4
场所	chǎngsuǒ	place, site	3
超级	chāojí	super	1
称为	chēngwéi	be called	8
成就	chéngjiù	achievement	8
城市	chéngshì	city	1
程度	chéngdù	degree	9
持续	chíxù	continue	9
初	chū	first (in order)	3
初步	chūbù	preliminary	8
初级	chūjí	elementary, primary	6
初一	chūyī	New Year's Day	3
处理	chǔlǐ	handle	8
传播	chuánbō	spread	10
传来	chuánlái	come	3
传说	chuánshuō	legend	3
创新	chuàngxīn	innovation	6
创作	chuàngzuò	create	2
从事	cóngshì	engage in	4
村	cūn	village	3

村民	cūnmín	villager	3
错误	cuòwù	mistake	6

D

达到	dádào	reach	9
大概	dàgài	probably	7
大约	dàyuē	about, approximately	9
代	dài	substitute	8
代表	dàibiǎo	represent	1
带领	dàilǐng	lead	6
单元	dānyuán	unit	6
当初	dāngchū	the beginning (of an event, incident, etc.)	8
当地	dāngdì	local	2
当中	dāngzhōng	among	2
到达	dàodá	arrive	4
地区	dìqū	district	2
底下	dǐxia	under	3
动力	dònglì	motivation	7
动人	dòngrén	touching	9
断	duàn	break	7
对手	duìshǒu	opponent	3

F

反复	fǎnfù	repeatedly	10
范围	fànwéi	range, scope	2
福	fú	happiness	3
父母	fùmǔ	parent	5
父亲	fùqīn	father	8
复杂	fùzá	complicated	8

G

概念	gàiniàn	concept	8
赶	gǎn	drive away	3
赶	gǎn	rush for	3
赶紧	gǎnjǐn	hurry, hasten	3
赶快	gǎnkuài	at once	3
敢	gǎn	dare	3
感受	gǎnshòu	feel	5
个性	gèxìng	personality	1
各地	gèdì	various regions	2
各位	gèwèi	everyone	2
各自	gèzì	respective	2
更加	gèngjiā	more	4
公布	gōngbù	announce	4
公共	gōnggòng	public	3
公开	gōngkāi	open, public	3
共同	gòngtóng	common	3
共有	gòngyǒu	total	2
姑娘	gūniang	girl	8
古	gǔ	ancient	3
挂	guà	hang	8
关系	guānxì	relation	1
关注	guānzhù	notice	3
观察	guānchá	observe	8
观看	guānkàn	watch	4
观念	guānniàn	concept, idea	2
观众	guānzhòng	audience	4
过程	guòchéng	process	3

H

害怕	hàipà	afraid	2
好好	hǎohǎo	to one's heart's content	1
合作	hézuò	collaborate	2
后面	hòumiàn	behind	10
互相	hùxiāng	each other	3
划船	huáchuán	row a boat	9
话剧	huàjù	drama	5
欢乐	huānlè	happy	4
活	huó	live	7

J

积极	jījí	active	6
积极性	jījíxìng	enthusiasm	7
基本上	jīběnshàng	basically, essentially	5
基础	jīchǔ	basis, foundation	5
集体	jítǐ	collective	1
记录	jìlù	record	8
纪念	jìniàn	commemorate	4
技术	jìshù	technique	9
加工	jiāgōng	process	8
加强	jiāqiáng	enhance, strengthen	6
家乡	jiāxiāng	hometown	8
坚持	jiānchí	persist	7
简直	jiǎnzhí	simply	5
建设	jiànshè	construction	6
将近	jiāngjìn	nearly, almost	6
将来	jiānglái	future	4

叫	jiào	name, call	8
较	jiào	fairly, quite	6
教材	jiàocái	textbook	6
接待	jiēdài	receive	6
接近	jiējìn	get close to	3
结婚	jié//hūn	marry	8
结束	jiéshù	end, finish	6
解开	jiěkāi	solve	4
仅仅	jǐnjǐn	only, merely	2
尽量	jǐnliàng	as far as possible	3
进步	jìnbù	progress	6
进一步	jìnyíbù	(go) further	6
经验	jīngyàn	experience	8
精神	jīngshén	spirit	1
静	jìng	calm	9
就业	jiùyè	be employed	4
剧场	jùchǎng	theater	5
决定	juédìng	decide	5
决心	juéxīn	determination	7
绝对	juéduì	absolutely	1

K

开放	kāifàng	open	5
开始	kāishǐ	begin	4
开展	kāizhǎn	start, carry out	6
看起来	kàn qilai	look	2
看上去	kàn shangqu	look	3
考验	kǎoyàn	test	2

客观	kèguān	objective	9
恐怕	kǒngpà	afraid	5
困	kùn	be trapped	9

L

老百姓	lǎobǎixìng	common people	3
老太太	lǎotàitai	old woman	3
老头儿	lǎotóur	old man	3
乐	lè	happy	7
乐观	lèguān	optimistic	5
类似	lèisì	similar	4
里面	lǐmiàn	inside	1
理解	lǐjiě	understand	6
力量	lìliàng	strength	9
利用	lìyòng	use	2
连忙	liánmáng	instantly	3
连续	liánxù	in succession	7
联合	liánhé	combine, join	2
联系	liánxì	connect	1
另外	lìngwài	in addition	2
另一方面	lìng yì fāngmiàn	on the other hand	1
龙	lóng	dragon	4
乱	luàn	in a turmoil, disturbed	9

M

满足	mǎnzú	satisfy	2
慢慢	mànmàn	slowly	2
没用	méiyòng	useless	2
美	měi	beauty	10

美好	měihǎo	good, nice	3
面积	miànjī	area	2
民族	mínzú	ethnic group	2
命运	mìngyùn	fate	7
木头	mùtou	wood	7
目标	mùbiāo	target, goal	7
目前	mùqián	at present	6

N

男子	nánzi	man	8
难道	nándào	Could it be that...?	9
难度	nándù	difficulty	6
内	nèi	in	3
内心	nèixīn	the bottom of one's heart	5
能力	nénglì	competence, ability	8
年代	niándài	time	4
年纪	niánjì	age	7
农民	nóngmín	farmer	7

P

拍	pāi	slap	9
排	pái	rank	4
排名	pái//míng	ranking	1
派	pài	dispatch	7
判断	pànduàn	judge	4
配	pèi	outfit	6
配合	pèihé	cooperate	2
破	pò	break	9
破坏	pòhuài	ruin, mess up	4

Q

齐	qí	all present	7
其实	qíshí	actually	6
奇怪	qíguài	strange	7
气候	qìhòu	climate	2
前往	qiánwǎng	head for	8
强大	qiángdà	powerful, strong	8
强调	qiángdiào	stress	5
桥	qiáo	bridge	10
巧	qiǎo	happen to	10
亲自	qīnzì	in person	5
情感	qínggǎn	emotion	1
区别	qūbié	difference	5
取消	qǔxiāo	cancel	5
缺	quē	lack, be short of	3
缺少	quēshǎo	lack	2
确保	quèbǎo	ensure	7
裙子	qúnzi	skirt	8
群	qún	group	10

R

热爱	rè'ài	love	1
热烈	rèliè	ardent, warm	1
人群	rénqún	crowd	10
人生	rénshēng	life	4
认出	rènchū	recognize	8
认得	rènde	know, recognize	6
认可	rènkě	accept, agree	5

任务	rènwu	task	6
仍	réng	still	8
日常	rìcháng	daily	2
容易	róngyì	easy	1

S

散步	sàn//bù	go for a walk	10
沙子	shāzi	sand	7
伤心	shāng//xīn	heartbroken	9
上来	shànglai	come up	4
上去	shàngqu	go toward	10
设计	shèjì	design	6
深	shēn	deep	1
深刻	shēnkè	profound	2
深入	shēnrù	deep, in-depth	5
生存	shēngcún	survive	7
生动	shēngdòng	vivid, lively	10
胜利	shènglì	victory	8
失去	shīqù	lose	7
实力	shílì	strength	6
使	shǐ	make	8
始终	shǐzhōng	always, all the time	7
事实上	shìshíshang	actually, in fact	10
收费	shōufèi	charge	5
收听	shōutīng	listen to	6
手指	shǒuzhǐ	finger	2
受伤	shòu//shāng	injured	8
输	shū	lose, suffer a defeat	4

属于	shǔyú	belong to	2
数量	shùliàng	quantity	8
双	shuāng	pair	2
双方	shuāngfāng	both sides	2
思想	sīxiǎng	thought	1
随	suí	follow	5

T

谈	tán	talk	7
谈话	tán//huà	have a talk	7
提问	tíwèn	ask	7
体会	tǐhuì	experience, realize	10
体现	tǐxiàn	embody, reflect	1
甜	tián	sweet	2
听力	tīnglì	listening	6
听众	tīngzhòng	audience	9
通常	tōngcháng	usually	4
同意	tóngyì	agreement, consent	5
痛苦	tòngkǔ	painful	8
头脑	tóunǎo	brains	8
图	tú	picture	3
图画	túhuà	picture	3
土	tǔ	soil	7
团结	tuánjié	unite	6
团体	tuántǐ	group	2
推广	tuīguǎng	spread, popularize	8
推进	tuījìn	promote	6
推开	tuīkāi	push away	7

W

外面	wàimiàn	outside	3
完善	wánshàn	improve	6
往往	wǎngwǎng	often, usually	3
危害	wēihài	harm	3
危险	wēixiǎn	dangerous	3
围	wéi	surround	1
为	wéi	be	2
为了	wèile	in order to	4
温暖	wēnnuǎn	warm	4
文化	wénhuà	culture	1
文明	wénmíng	civilization	2
文章	wénzhāng	article	6
文字	wénzì	characters, writing	4
屋子	wūzi	room	3
武术	wǔshù	martial art	8

X

系	xì	style	2
显然	xiǎnrán	obviously	7
现实	xiànshí	reality	7
相比	xiāngbǐ	compare	4
相当	xiāngdāng	quite, very	10
相关	xiāngguān	relevant	2
相似	xiāngsì	similar	3
香	xiāng	delicious	2
消失	xiāoshī	disappear	9
消息	xiāoxi	message	10

写作	xiězuò	writing	6
心	xīn	heart	9
形成	xíngchéng	formation	2
形式	xíngshì	form	6
形象	xíngxiàng	image	3
形状	xíngzhuàng	shape	2
幸运	xìngyùn	good luck	3
需求	xūqiú	need, demand	2
宣布	xuānbù	announce	6
宣传	xuānchuán	advertising	10
训练	xùnliàn	training	9

Y

眼前	yǎnqián	before one's eyes	10
演	yǎn	play (the part), act	5
要是	yàoshi	if	9
一方面	yì fāngmiàn	on the one hand	1
一直	yìzhí	always	7
艺术	yìshù	art	2
意外	yìwài	accident	7
意义	yìyì	meaning, significance	3
印象	yìnxiàng	impression	1
应当	yīngdāng	should	4
迎接	yíngjiē	welcome	3
赢	yíng	win	9
优势	yōushì	advantage	10
有的是	yǒudeshì	many	10
有效	yǒuxiào	effective	6

预计	yùjì	predict	4
愿望	yuànwàng	wish	6
约	yuē	make an appointment	9

Z

早已	zǎoyǐ	long since, already	9
责任	zérèn	responsibility	8
展开	zhǎn//kāi	launch	6
照	zhào	according to	10
真实	zhēnshí	real	8
争	zhēng	fight	4
争取	zhēngqǔ	fight for	6
整	zhěng	whole	8
整个	zhěnggè	whole	4
整齐	zhěngqí	neatly, tidily	6
整体	zhěngtǐ	overall, entirety	2
整天	zhěngtiān	whole day	6
整整	zhěngzhěng	full, whole	3
支持	zhīchí	support	5
只	zhī	*a measure word*	7
值	zhí	worth	10
值得	zhí//dé	worth	5
只有	zhǐyǒu	only	10
指	zhǐ	point	10
指导	zhǐdǎo	guide	6
制作	zhìzuò	make	2
中华民族	Zhōnghuá Mínzú	Chinese nation	2
终于	zhōngyú	finally	4
种	zhǒng	kind	1

抓住	zhuāzhù	grasp, catch hold of	4
专门	zhuānmén	specially	6
专题	zhuāntí	special subject / topic	6
专业	zhuānyè	professional	9
转变	zhuǎnbiàn	change	7
准	zhǔn	definitely	3
自然	zìrán	nature	2
总	zǒng	always	9
足球	zúqiú	soccer	4
左右	zuǒyòu	about, around	7
作品	zuòpǐn	works	10

词汇表（识读、专有名词）

B

扮	bàn	disguise, dress up as	8
爆炸	bàozhà	explode	3
爆竹	bàozhú	firecracker	3
贝壳	bèiké	shell	8
伯牙	Bóyá	name of a person	9

C

餐具	cānjù	tableware	2
仓颉	Cāng Jié	name of a person in an ancient Chinese legend	8
测试	cèshì	test	6
噌	cēng	*a mimetic word (for a quick action)*	4
茶道	chádào	tea ceremony	5
除夕	chúxī	New Year's Eve	3
传达	chuándá	convey	1
传统	chuántǒng	traditional	1
春联	chūnlián	Spring Festival couplets	3
从军	cóngjūn	join the army	8

D

挡	dǎng	block	7
豆汁儿	dòuzhīr	fermented bean drink	1
躲避	duǒbì	escape, evade	3

F

方	fāng	square	2
纷纷	fēnfēn	one after another	4
风景	fēngjǐng	view, scenery	1
符号	fúhào	symbol	8

G

高手	gāoshǒu	master-hand, expert	9
怪兽	guàishòu	monster	3

H

河阳	Héyáng	name of a place	7
猴子	hóuzi	monkey	4
皇帝	huángdì	emperor	9
婚礼	hūnlǐ	wedding	2

J

积累	jīlěi	accumulate	8
激动	jīdòng	excited	9
集	jí	convene, gather	9
技艺	jìyì	skill	5
夹	jiā	clamp	2
捡	jiǎn	pick (up)	7
剪纸	jiǎnzhǐ	paper-cutting	5
将军	jiāngjūn	general	8
讲究	jiǎngjiu	attach importance to	2
结	jié	knot	8
竞选	jìngxuǎn	enter into an election contest	4
竟然	jìngrán	unexpectedly	4

俱	jù	all	2
距离	jùlí	distance	1

K

烤鸭	kǎoyā	roast duck	1

L

辣	là	spicy	2
牢	láo	jail	9
老虎	lǎohǔ	tiger	4

M

谜	mí	mystery	4
免费	miǎn//fèi	free (of charge)	5
面临	miànlín	face	8
木兰	Mùlán	name of a person	8
墓	mù	tomb	9

N

年夜饭	niányèfàn	New Year's Eve dinner	3

P

凭	píng	rely on	4
铺	pū	pave	4

Q

妻子	qīzi	wife	7
齐白石	Qí Báishí	name of a painter	10
乞讨	qǐtǎo	beg	3
亲近	qīnjìn	intimate, close	1
琴	qín	*guqin* (a traditional Chinese musical instrument)	9
全聚德	Quánjùdé	name of a famous restaurant	1

R

燃放	ránfàng	set off	3
热闹	rènao	lively	1

S

扇子	shànzi	fan	10
蛇	shé	snake	4
神奇	shénqí	magical	9
神仙	shénxiān	celestial being	9
绳子	shéngzi	rope, string	8
湿	shī	wet	2
守	shǒu	be by the side of	7
书法	shūfǎ	calligraphy	10
舒适	shūshì	comfortable	2
涮羊肉	shuànyángròu	instant-boiled mutton	1
随后	suíhòu	soon afterwards	4
孙子	sūnzi	(paternal) grandson	7

T

桃子	táozi	peach	9
天宫	tiāngōng	heavenly palace	4
贴	tiē	paste, stick	3
兔子	tùzi	rabbit	4

W

王羲之	Wáng Xīzhī	name of a calligrapher	10

X

习俗	xísú	custom	3
虾	xiā	shrimp	10

下令	xià//lìng	order	9
下棋	xià qí	play chess	9
小吃	xiǎochī	snack	1
小气	xiǎoqi	stingy	10

Y

杨靖	Yáng Jìng	name of a person	9
仪式	yíshì	ceremony	6
移	yí	remove	7
游玩	yóuwán	go sightseeing	9
愚公	Yúgōng	name of a person	7
玉皇大帝	Yùhuáng Dàdì	Jade Emperor, the emperor in heaven	4
圆	yuán	circle	2
圆满	yuánmǎn	completeness	1

Z

砸	zá	smash	9
展示	zhǎnshì	show, demonstrate	8
展现	zhǎnxiàn	show, demonstrate	1
正宗	zhèngzōng	authentic	1
之间	zhījiān	between	1
重赏	zhòngshǎng	bounteous rewards	9
祝福	zhùfú	blessing	2
著名	zhùmíng	famous	2
抓周	zhuāzhōu	*zhuazhou*, grabbing test on a baby's first birthday	4
撞	zhuàng	bump against	7
子期	Zǐqī	name of a person	9